A los que quieren que impere la cordura.

Análisis financiero de una guerra

José Manuel Santos Vázquez

Editorial: BoD · Books on Demand, Calle de Manzanares, 4, 28005 Madrid, bod@bod.com.es
Impresión: Libri Plureos GmbH, Friedensallee 273, 22763 Hamburg (Alemania)

ISBN: 978-84-1092-098-9

Tercera Parte: Costes económicos de una posible guerra mundial

1 - Escenarios financieros en un conflicto global

- Simulaciones de impacto económico en los principales bloques geopolíticos
- Repercusiones en el sistema financiero global

2 - Costes de movilización masiva de recursos

- Redirección de presupuestos nacionales hacia gastos bélicos
- Pérdida de productividad en sectores clave

3 - Impacto en el comercio internacional

- Colapso de acuerdos comerciales y tratados internacionales
- Crisis logísticas globales: puertos, transporte y suministros

4 - Consecuencias financieras a largo plazo

- Deuda soberana y crisis fiscales en economías emergentes
- Cambios en los flujos de capital y el sistema bancario

5 - Innovaciones tecnológicas y su impacto económico

- Desarrollo y uso de armas autónomas: inversión y amortización
- Guerra cibernética: costes de defensa y recuperación

Cuarta Parte: Alternativas financieras para prevenir conflictos

1 - El coste de la diplomacia frente al de la guerra

- Inversiones en organismos internacionales y mediación
- Impacto económico positivo de los acuerdos de paz

2 - El rol de la economía en la disuasión de conflictos

- Sanciones económicas: eficacia y limitaciones
- Incentivos financieros para la cooperación internacional

3 - El papel de las instituciones financieras globales

- Banco Mundial y FMI en la reconstrucción postconflicto
- Regulación financiera para prevenir el financiamiento de guerras

4 – Energía nuclear

- Historia compleja
- Disuasión nuclear
- Guerra y costes

Quinta Parte: conclusiones

1 - Lecciones económicas de los conflictos pasados y actuales

2 - Reflexiones sobre el equilibrio entre poder y sostenibilidad financiera

3 - Propuestas para un futuro donde la paz sea rentable

EPILOGO

Prólogo

El crujido de los mercados financieros, tan silencioso como los engranajes de una maquinaria bien aceitada, rara vez se percibe mientras ocurre. Y, sin embargo, basta con un destello en una región estratégica o una chispa en el flujo global del comercio para que todo se tambalee. Las guerras no se libran solo con armas ni en los campos de batalla; sus ecos resuenan con fuerza en los parqués de las bolsas, en las hojas de cálculo de los bancos centrales y en las decisiones de los conglomerados energéticos. Las cifras, impasibles y a menudo frías, son el verdadero termómetro de los conflictos.

A lo largo de la historia, cada guerra ha dejado su huella en la economía global. Desde los imperios antiguos que drenaban sus tesoros para financiar ejércitos hasta las economías modernas que desbordan sus presupuestos en tecnologías de destrucción avanzada. Las guerras actuales, aunque distintas en forma y alcance, siguen esta constante: un coste económico descomunal que trasciende fronteras y generaciones.

Imagine un día cualquiera, donde el precio del petróleo se dispara un 20% tras el estallido de un conflicto en el Golfo Pérsico, o donde las bolsas asiáticas se desploman por tensiones en el mar de China Meridional. Detrás de cada titular, hay decisiones financieras precipitadas, planes de contingencia activados y naciones enteras reajustando sus presupuestos. La volatilidad no solo afecta a quienes comercian con acciones, sino también a las familias que ven aumentar el precio de los bienes básicos o a las pequeñas empresas que luchan por sobrevivir.

En una hipotética guerra mundial, las cifras que hoy manejamos como colosales podrían palidecer ante los nuevos desafíos financieros que emergerían. La deuda soberana alcanzaría niveles históricos, y los sistemas fiscales de las economías más robustas se tambalearían para sostener los crecientes gastos militares. La inflación podría convertirse en un enemigo tan letal como cualquier arma, desmoronando economías emergentes y exacerbando las desigualdades globales. Mientras tanto, el comercio internacional, el motor de la globalización, se detendría en seco: los puertos cerrarían, las rutas aéreas quedarían restringidas y las cadenas de suministro serían irreparablemente fracturadas.

Pero ¿qué hay del coste de la paz? Este libro invita al lector a explorar las guerras desde un prisma menos emocional pero igual de impactante: el prisma de las finanzas y la economía global. ¿Cómo afecta una guerra en el Este de Europa al precio del gas en el Oeste? ¿Por qué un conflicto en Oriente Medio repercute en la inflación de las economías emergentes? ¿Cuál es el precio real de la paz, y puede la diplomacia ser rentable?

Detrás de cada bala disparada, de cada misil lanzado, hay una cadena de decisiones económicas: presupuestos que se desvían de la educación o la salud, inversores que huyen de mercados inseguros y recursos que se desperdician en destrucción en lugar de en construcción. Es una realidad implacable que no se detiene con la firma de tratados ni con la rendición de los ejércitos. Incluso después de la paz, los ecos financieros de la guerra persisten durante décadas, hipotecando el futuro de generaciones enteras.

Sin embargo, este prólogo no busca alarmar, sino incitar a la reflexión. Porque, al final, incluso las guerras más devastadoras son también batallas de cifras, presupuestos y decisiones económicas. Es hora de desmenuzar los números, analizar los patrones y cuestionar los caminos que tomamos como civilización. Si la paz tiene un precio, ¿estamos dispuestos a pagarlo? Este libro intentará responder esa pregunta desde una perspectiva audaz y necesaria, porque entender los costes de la guerra es también el primer paso para prevenirla.

Primera Parte: Introducción

1 - La economía de la guerra

Contexto histórico de los conflictos y su impacto financiero

Desde los albores de la civilización, los conflictos bélicos han desempeñado un papel central en la configuración de las economías y las finanzas de las sociedades humanas. En sus primeras manifestaciones, las guerras estaban intrínsecamente ligadas a la acumulación de recursos y a la supervivencia de las comunidades. Las tribus primitivas luchaban por el control de tierras fértiles, acceso a fuentes de agua y otros recursos esenciales para la vida. En este contexto, el coste financiero de los conflictos era rudimentario pero significativo: la movilización de fuerza laboral para la guerra implicaba una pérdida directa de productividad en la agricultura y otras actividades básicas.

Con la consolidación de las primeras civilizaciones, como Mesopotamia, Egipto y los imperios del Valle del Indo, las guerras comenzaron a adoptar una dimensión más estructurada. Los ejércitos se profesionalizaron, y los gobernantes establecieron sistemas tributarios para financiar sus campañas militares. En este período, las guerras no solo representaban una pérdida directa de recursos, sino también una inversión a largo plazo para expandir los territorios y acceder a riquezas adicionales. La captura de esclavos, la explotación de minas de metales preciosos y la recaudación de tributos en los territorios conquistados se convirtieron en pilares fundamentales de la economía bélica.

El Imperio Romano representa uno de los ejemplos más paradigmáticos de cómo las guerras moldearon el desarrollo financiero. La expansión romana, financiada por complejas estructuras fiscales y respaldada por una moneda unificada, permitió la creación de una economía interconectada que abarcaba todo el Mediterráneo. Sin embargo, este sistema también evidenció las tensiones inherentes al modelo económico bélico. Las campañas militares prolongadas y costosas, como las guerras contra los partos y las revueltas en Britania, drenaban los recursos del imperio. La devaluación de la moneda romana y el aumento de los impuestos para sufragar estos gastos provocaron crisis económicas que debilitaron la estabilidad del imperio.

En la Edad Media, los conflictos bélicos se transformaron en guerras feudales, donde los señores y monarcas dependían de sus vasallos para financiar y proporcionar tropas. Este sistema descentralizado limitó la capacidad de las potencias europeas para librar guerras prolongadas y de gran escala. Sin embargo, las cruzadas introdujeron una nueva dimensión financiera, ya que requirieron la movilización de vastos recursos para transportar y mantener ejércitos a través de largas distancias. Esto dio lugar a innovaciones financieras, como la creación de órdenes militares-bancarias, como los templarios, que ofrecían servicios de crédito y transferencia de fondos.

El Renacimiento marcó un punto de inflexión en la relación entre guerra y finanzas. La introducción de las armas de fuego y la profesionalización de los ejércitos incrementaron drásticamente los costes de los conflictos. Los estados-nación emergentes, como Francia, España e Inglaterra, recurrieron a banqueros privados para financiar sus guerras, lo que llevó al desarrollo de los sistemas de deuda soberana. Durante este período, familias bancarias como los Fugger y los Medici desempeñaron un papel crucial en la financiación de conflictos como las guerras italianas y las campañas de Carlos V.

La Edad Moderna estuvo marcada por el ascenso del capitalismo y la globalización, que transformaron radicalmente las economías de guerra. La Revolución Industrial proporcionó a las potencias europeas una capacidad de producción sin precedentes, lo que permitió la fabricación en masa de armamento y equipo militar. Esto también dio lugar a una mayor interdependencia económica, lo que hizo que las guerras tuvieran un impacto financiero más amplio y complejo. Por ejemplo, las guerras napoleónicas no solo afectaron a las naciones beligerantes, sino que también alteraron significativamente el comercio global y las economías coloniales.

En el siglo XX, las guerras mundiales representaron el máximo exponente del impacto financiero de los conflictos bélicos. La Primera Guerra Mundial marcó un cambio paradigmático, ya que las naciones movilizaron no solo a sus ejércitos, sino también a sus economías enteras para el esfuerzo bélico. Los gobiernos emitieron bonos de guerra y aumentaron los impuestos para financiar los gastos militares, mientras que la producción industrial se reorientó hacia la fabricación de armamento y suministros. El resultado fue una inflación galopante, el colapso de varios sistemas financieros y una profunda recesión económica tras el fin de la guerra.

La Segunda Guerra Mundial intensificó estas tendencias, con una movilización económica sin precedentes. Las economías de los países combatientes se transformaron en máquinas de producción bélica, mientras que las alianzas internacionales llevaron a una integración financiera más estrecha. Estados Unidos, por ejemplo, implementó el programa Lend-Lease para proporcionar apoyo financiero y material a sus aliados, estableciendo las bases para su posición como potencia económica global. Al mismo tiempo, los costos humanos y financieros de la guerra dejaron a Europa devastada, lo que llevó a la creación de instituciones como el Fondo Monetario Internacional y el Banco Mundial para facilitar la reconstrucción y estabilizar la economía global.

La Guerra Fría introdujo una nueva dimensión en la economía de los conflictos. Aunque no hubo enfrentamientos directos entre las superpotencias, la carrera armamentística y los conflictos por poderes en el Tercer Mundo generaron enormes gastos militares. Los Estados Unidos y la Unión Soviética invirtieron vastos recursos en el desarrollo de armas nucleares y tecnológicas, lo que tuvo un impacto significativo en sus economías. Al final de la Guerra Fría, la Unión Soviética sucumbió a las presiones económicas derivadas de su gasto militar excesivo y la ineficiencia de su sistema económico.

En el siglo XXI, los conflictos han adoptado formas más asimétricas, como la guerra contra el terrorismo y los conflictos cibernéticos. Aunque estas guerras son menos visibles que las tradicionales, su impacto financiero es igualmente significativo. Los países gastan miles de millones de dólares en ciberseguridad, drones y operaciones encubiertas, mientras que el costo indirecto de estos conflictos se refleja en la interrupción del comercio, la migración forzada y la inestabilidad regional.

El impacto financiero de los conflictos sigue siendo una de las fuerzas más transformadoras en la economía global. Desde los antiguos imperios hasta las potencias modernas, la historia demuestra que la guerra no solo remodela las fronteras, sino también las estructuras económicas y financieras que sustentan nuestras sociedades. La comprensión de estos costos es crucial para anticipar y mitigar los efectos de los conflictos futuros.

Dinámicas del gasto militar en el siglo XXI

El siglo XXI ha traído consigo una transformación profunda en las dinámicas del gasto militar global, influenciada por avances tecnológicos, la evolución de las amenazas geopolíticas y el creciente protagonismo de actores no estatales. Estas nuevas condiciones han dado forma a una economía de la defensa que opera en un contexto interconectado y altamente competitivo, con implicaciones financieras que afectan tanto a los estados nacionales como a los mercados globales.

Tras el fin de la Guerra Fría, el gasto militar experimentó una aparente disminución en varias regiones, especialmente en Europa, donde la disolución de la Unión Soviética redujo la percepción de amenaza inmediata. Sin embargo, los atentados del 11 de septiembre de 2001 y la posterior guerra contra el terrorismo marcaron el inicio de una nueva etapa. Estados Unidos lideró un aumento significativo en el gasto militar, asignando recursos masivos a la guerra en Afganistán, la invasión de Irak y una amplia gama de operaciones antiterroristas. Este incremento fue respaldado por un complejo industrial-militar en constante crecimiento, donde las compañías de defensa desempeñaron un papel clave en el desarrollo y suministro de tecnologías avanzadas, desde drones hasta sistemas de vigilancia.

En paralelo, otras potencias como China y Rusia comenzaron a reconfigurar sus presupuestos militares. China, en particular, incrementó exponencialmente su gasto en defensa, enfocándose en la modernización de su ejército y en la creación de capacidades tecnológicas para competir con Estados Unidos en áreas clave como la inteligencia artificial, la ciberseguridad y las armas hipersónicas. Este esfuerzo se refleja en la expansiva iniciativa del Ejército Popular de Liberación para desarrollar un modelo de guerra informatizada, que prioriza la interconexión de sistemas de mando, comunicación y control.

Por su parte, Rusia adoptó un enfoque diferente, centrándose en la proyección de poder a través de conflictos regionales y el desarrollo de armas de alto impacto estratégico. Las intervenciones en Ucrania y Siria ilustran cómo el gasto militar ruso se ha dirigido hacia operaciones de bajo costo financiero pero de alto impacto político. Sin embargo, estas acciones también han generado sanciones económicas por parte de Occidente, obligando a Rusia a adoptar medidas de austeridad fiscal para mantener su capacidad militar.

En un mundo donde las amenazas han evolucionado hacia dimensiones no convencionales, los países han redirigido sus inversiones hacia áreas que van más allá del armamento tradicional. Los ciberataques, el espionaje digital y la desinformación son ahora elementos centrales en las estrategias de seguridad nacional. Este cambio ha dado lugar a un auge en la inversión en ciberseguridad, con países como Estados Unidos destinando miles de millones de dólares a la protección de infraestructuras críticas y redes gubernamentales. Las empresas tecnológicas también se han beneficiado de esta tendencia, convirtiéndose en socios clave para los gobiernos en la defensa contra amenazas digitales.

Otro factor determinante en las dinámicas del gasto militar del siglo XXI es la proliferación de conflictos regionales. Desde el Medio Oriente hasta África subsahariana, los conflictos prolongados han impulsado una demanda constante de armamento y recursos militares. En muchos casos, esta demanda ha sido financiada por potencias extranjeras interesadas en influir en el resultado de estos conflictos. Por ejemplo, la guerra en Yemen ha sido alimentada por una rivalidad geopolítica entre Arabia Saudita e Irán, ambos invirtiendo considerables recursos financieros en apoyo a sus respectivos aliados.

Mientras tanto, el papel de las organizaciones internacionales y los acuerdos multilaterales también ha influido en el gasto militar. La OTAN, por ejemplo, ha establecido objetivos de gasto para sus miembros, exigiendo que destinen al menos el 2% de su PIB a defensa. Esta política ha generado tensiones entre los aliados, especialmente en Europa, donde algunos países han mostrado reticencia a aumentar sus presupuestos militares. Sin embargo, la reciente invasión rusa de Ucrania ha cambiado esta dinámica, con naciones como Alemania comprometiéndose a incrementar sustancialmente su gasto en defensa.

La privatización de la guerra también ha desempeñado un papel crucial en las dinámicas del gasto militar contemporáneo. Las empresas militares privadas han proliferado, ofreciendo servicios que van desde la logística hasta la seguridad en zonas de conflicto. Este modelo ha permitido a los gobiernos externalizar ciertos aspectos de sus operaciones militares, reduciendo costos iniciales pero generando preocupaciones sobre la transparencia y la rendición de cuentas.

En términos financieros, el gasto militar del siglo XXI ha tenido un impacto significativo en los mercados globales. Las industrias de defensa y tecnología han experimentado un crecimiento sostenido, atrayendo inversiones masivas de fondos de capital y mercados bursátiles. Sin embargo, este crecimiento también ha exacerbado las desigualdades globales, ya que los países en desarrollo enfrentan dificultades para competir con las potencias establecidas en la adquisición de tecnología militar avanzada.

Finalmente, la crisis climática ha comenzado a influir en las decisiones de gasto militar. Los desastres naturales y la competencia por recursos escasos, como el agua y la tierra cultivable, están emergiendo como factores de tensión geopolítica. En respuesta, algunos países están destinando recursos a la investigación de tecnologías para mitigar el impacto del cambio climático en sus fuerzas armadas, mientras que otros están invirtiendo en capacidades para operar en entornos extremos.

En conjunto, las dinámicas del gasto militar en el siglo XXI reflejan un mundo en constante transformación, donde las prioridades financieras y estratégicas están influenciadas por una combinación de factores tradicionales y emergentes. La complejidad de este panorama exige un enfoque integral para comprender no solo las implicaciones económicas inmediatas, sino también los efectos a largo plazo en la estabilidad global y el equilibrio de poder.

2 - Importancia de analizar los costes económicos de los conflictos

Relación entre guerra, mercados y economía global

La relación entre la guerra, los mercados y la economía global es intrincada y multifacética, reflejando cómo los conflictos armados moldean y son moldeados por las dinámicas económicas internacionales. A lo largo de la historia, las guerras han actuado como catalizadores de transformaciones económicas, alterando las estructuras productivas, los flujos comerciales y las bases mismas de la riqueza y el poder global. En el siglo XXI, esta relación se ha intensificado debido a la interconexión de los mercados y al papel crucial de la tecnología en la economía de la guerra.

Uno de los aspectos más visibles de esta relación es el impacto directo de los conflictos armados en los mercados financieros. Los episodios de tensión geopolítica, desde conflictos regionales hasta la amenaza de guerras a gran escala, generan volatilidad en los mercados de valores, divisas y materias primas. La incertidumbre inherente a la guerra lleva a los inversores a buscar activos refugio, como el oro y los bonos soberanos, mientras que las divisas de los países involucrados suelen experimentar devaluaciones significativas. Por ejemplo, la invasión de Ucrania por parte de Rusia en 2022 provocó aumentos históricos en los precios del gas y el petróleo, desestabilizando las economías europeas y amplificando las presiones inflacionarias a nivel global.

El comercio internacional también se ve profundamente afectado por los conflictos armados. Las guerras interrumpen las cadenas de suministro, cierran rutas comerciales clave y generan escasez de bienes estratégicos. En un mundo globalizado, donde los componentes de un solo producto pueden cruzar múltiples fronteras antes de llegar al consumidor final, las interrupciones en una región pueden tener repercusiones de amplio alcance. La guerra en Yemen, por ejemplo, ha afectado significativamente las rutas marítimas del Mar Rojo, una de las vías más importantes para el transporte de petróleo desde Oriente Medio hacia Europa y Asia. Estas interrupciones incrementan los costos de transporte y producción, trasladándose finalmente al consumidor.

Los sectores energético y alimentario son especialmente vulnerables a los efectos de la guerra. Los conflictos en regiones productoras de energía, como el Medio Oriente, afectan el suministro global de petróleo y gas, lo que a su vez impacta los precios de la energía en todo el mundo. Este aumento en los costos energéticos se traslada a otros sectores de la economía, exacerbando la inflación y reduciendo el poder adquisitivo de las familias. En el ámbito alimentario, las guerras en áreas como Ucrania, un importante exportador de trigo y otros granos, han generado una crisis alimentaria global al interrumpir el suministro y elevar los precios de los alimentos básicos.

Desde una perspectiva macroeconómica, la guerra también tiene implicaciones significativas para los presupuestos nacionales. Los países en conflicto suelen redirigir vastos recursos hacia el gasto militar, lo que puede generar desequilibrios fiscales y un aumento de la deuda soberana. Este fenómeno se observa tanto en países desarrollados como en economías emergentes. En Estados Unidos, la guerra contra el terrorismo desencadenó un gasto militar que superó los 6 billones de dólares en dos décadas, contribuyendo al crecimiento de su deuda nacional. En contraste, los países menos desarrollados enfrentan la doble carga de financiar el conflicto y lidiar con las consecuencias económicas de la destrucción de infraestructura y la pérdida de capital humano.

A nivel microeconómico, la guerra altera los incentivos y las prioridades de las empresas. Mientras que algunos sectores, como el de defensa y tecnología, prosperan durante los conflictos, otros, como el turismo y la manufactura, pueden sufrir graves retrocesos. Las empresas que operan en zonas de conflicto enfrentan costos crecientes relacionados con la seguridad, interrupciones operativas y pérdidas de activos. Al mismo tiempo, los gobiernos suelen implementar políticas económicas de emergencia, como controles de precios y restricciones a las exportaciones, que afectan las decisiones corporativas y los flujos comerciales.

Un aspecto menos visible, pero igualmente importante, es el impacto de la guerra en la innovación tecnológica. A lo largo de la historia, los conflictos han impulsado avances significativos en tecnologías que posteriormente se han incorporado a la economía civil. El radar, la energía nuclear y los satélites son ejemplos de innovaciones desarrolladas en el contexto de conflictos bélicos. En el siglo XXI, el enfoque en la ciberseguridad y la inteligencia artificial está redefiniendo las áreas de inversión tecnológica, con importantes implicaciones para la economía global.

Los conflictos también han catalizado el fortalecimiento de alianzas económicas y militares. Los acuerdos multilaterales, como los paquetes de sanciones coordinados contra Rusia, subrayan cómo las guerras pueden unificar a las naciones en torno a objetivos comunes, aunque con costos significativos para las economías involucradas. Las sanciones suelen tener un impacto doble: por un lado, limitan las capacidades económicas del país sancionado; por otro, generan repercusiones negativas para los países que dependen del comercio con esa nación. Este equilibrio entre castigo económico y autopreservación es un tema central en las políticas de los estados modernos.

Finalmente, la guerra también reconfigura el equilibrio de poder económico global. Los conflictos no solo determinan la hegemonía política, sino también la distribución de los recursos y las oportunidades económicas. En este sentido, la relación entre la guerra, los mercados y la economía global es tanto un reflejo de las desigualdades existentes como un motor de cambio en el sistema internacional. Entender estas dinámicas es esencial para anticipar las tendencias económicas futuras y mitigar los impactos negativos de los conflictos en la economía global.

Objetivos del análisis desde un enfoque financiero

Los objetivos del análisis desde un enfoque financiero son fundamentales para comprender las implicaciones de los conflictos armados en la economía global y para diseñar estrategias que permitan mitigar sus efectos adversos. Este enfoque busca no solo cuantificar los costos directos e indirectos de la guerra, sino también identificar las oportunidades y riesgos que surgen en los mercados como resultado de estas dinámicas. En un mundo donde la economía está profundamente interconectada, evaluar los impactos financieros de los conflictos se convierte en una herramienta clave para gobiernos, empresas e instituciones internacionales.

Uno de los principales objetivos de este análisis es medir el impacto presupuestario de los conflictos en los estados nacionales. Las guerras implican un gasto militar significativo, que a menudo se financia mediante el aumento de la deuda pública, la redirección de recursos de otros sectores esenciales y, en algunos casos, la emisión de moneda, lo que puede desencadenar inflación. Evaluar estas consecuencias permite a los responsables de políticas económicas prever los desequilibrios fiscales y diseñar estrategias para minimizar los daños colaterales. Por ejemplo, la guerra de Irak tuvo un impacto sustancial en el presupuesto de Estados Unidos, generando un aumento significativo en su déficit fiscal y obligando a reconsiderar las prioridades de gasto a nivel nacional.

Otro objetivo clave es analizar cómo los conflictos afectan los mercados financieros internacionales. La volatilidad generada por las guerras ofrece tanto riesgos como oportunidades para los inversores. Los mercados de materias primas, en particular, suelen reaccionar de manera inmediata a los conflictos, con aumentos en los precios del petróleo, el gas y los metales preciosos. Comprender estas fluctuaciones permite a los analistas financieros y a las empresas desarrollar estrategias de cobertura y diversificación que protejan sus activos y garanticen la estabilidad financiera a largo plazo.

El análisis también busca evaluar los efectos de la guerra en las cadenas de suministro globales y en el comercio internacional. La interdependencia económica entre países significa que las interrupciones en una región pueden tener consecuencias globales. Un enfoque financiero permite cuantificar el costo de estas interrupciones y proponer soluciones para mitigar su impacto, como la diversificación de proveedores o la inversión en infraestructura resiliente. Además, este análisis puede informar las decisiones de políticas comerciales y de inversión, asegurando que los países y las empresas puedan adaptarse rápidamente a las nuevas realidades económicas impuestas por los conflictos.

En el ámbito corporativo, el objetivo del análisis financiero es ayudar a las empresas a identificar los riesgos y oportunidades asociados con los conflictos armados. Mientras que algunos sectores, como el de defensa y seguridad, experimentan un aumento en la demanda, otros enfrentan importantes desafíos operativos. La evaluación financiera permite a las empresas tomar decisiones informadas sobre cómo asignar recursos, gestionar riesgos y adaptarse a las condiciones cambiantes del mercado. Por ejemplo, durante la Segunda Guerra Mundial, empresas en Estados Unidos transformaron sus líneas de producción para satisfacer las necesidades bélicas, lo que no solo contribuyó al esfuerzo de guerra, sino que también garantizó su sostenibilidad económica.

Un aspecto crucial de este enfoque es la evaluación de los costos humanitarios y su traducción en términos económicos. Las guerras generan desplazamientos masivos de poblaciones, pérdidas de vidas humanas y destrucción de infraestructura, lo que tiene implicaciones a largo plazo para el crecimiento económico y la estabilidad social. Cuantificar estos costos permite a los gobiernos y las organizaciones internacionales priorizar la inversión en la reconstrucción y en programas que fomenten la resiliencia económica.

Otro objetivo importante es analizar el papel de las sanciones económicas y su efectividad como herramienta de disuasión. Las sanciones, aunque menos destructivas que las acciones militares directas, tienen un impacto significativo en las economías nacionales e internacionales. Evaluar cómo las sanciones afectan los flujos de capital, el comercio y la estabilidad económica permite a los responsables de políticas diseñar medidas que maximicen su eficacia sin generar efectos colaterales innecesarios en la economía global. Por ejemplo, las sanciones impuestas a Irán han reducido su capacidad para exportar petróleo, pero también han tenido repercusiones en los mercados energéticos internacionales.

Finalmente, el análisis desde un enfoque financiero también tiene como objetivo identificar las lecciones aprendidas de conflictos pasados para aplicarlas en el futuro. Comprender cómo las guerras han moldeado la economía global y cómo las estrategias financieras han mitigado sus impactos es esencial para construir un sistema económico más resiliente. Esto incluye fomentar la cooperación internacional, invertir en mecanismos de prevención de conflictos y promover políticas que prioricen la paz como una inversión rentable a largo plazo.

Los objetivos del análisis financiero en el contexto de la guerra van mucho más allá de la simple cuantificación de costos. Se trata de una herramienta fundamental para comprender las complejas interacciones entre los conflictos armados y la economía global, y para desarrollar estrategias que permitan minimizar los daños, aprovechar las oportunidades y construir un futuro más estable y próspero.

Segunda Parte: Los costes económicos de las guerras actuales

1 - Gasto militar directo

Presupuestos de defensa: comparativa entre regiones y países

Los presupuestos de defensa representan una de las facetas más significativas y controversiales del gasto público en el siglo XXI, debido a su impacto directo en la seguridad nacional, la estabilidad regional y la economía global. En un mundo marcado por tensiones geopolíticas crecientes y avances tecnológicos acelerados, la inversión en defensa se ha convertido en un indicador clave no solo del poder militar de un país, sino también de su influencia económica y política en el ámbito internacional. Este texto explorará las diferencias y similitudes en los presupuestos de defensa de diversas regiones y países, analizando cómo estas decisiones reflejan prioridades estratégicas, condicionamientos económicos y la percepción de amenazas.

En primer lugar, es esencial comprender la magnitud y distribución del gasto militar global. Según datos recientes del Instituto Internacional de Estudios para la Paz de Estocolmo (SIPRI), el gasto militar mundial alcanzó un récord histórico, superando los 2 billones de dólares anuales. Esta cifra refleja una tendencia sostenida de aumento desde principios del siglo XXI, impulsada por factores como el terrorismo internacional, la rivalidad entre grandes potencias y los conflictos regionales. Sin embargo, este gasto no está distribuido de manera uniforme. Los diez países con mayores presupuestos de defensa representan más del 70% del gasto total, lo que pone de manifiesto una concentración significativa en un número reducido de actores clave. Estados Unidos encabeza esta lista con un gasto militar que supera los 800 mil millones de dólares anuales, lo que equivale aproximadamente al 40% del gasto militar global.

Este nivel de inversión es reflejo de su posición como superpotencia mundial y de su compromiso con la defensa de sus intereses globales. El presupuesto de defensa estadounidense no solo financia un vasto aparato militar compuesto por las fuerzas armadas tradicionales, sino también un complejo industrial-tecnológico que desarrolla innovaciones punteras en inteligencia artificial, ciberseguridad y sistemas de armas hipersónicas. Además, una proporción significativa de este gasto se destina a operaciones en el extranjero, bases militares distribuidas por todo el mundo y asistencia militar a aliados, consolidando su influencia estratégica en regiones clave como Europa, Asia-Pacífico y Oriente Medio.

China ocupa el segundo lugar en términos de gasto militar, con una inversión estimada en 293 mil millones de dólares. Aunque esta cifra es considerablemente inferior a la de Estados Unidos, representa un crecimiento exponencial respecto a décadas anteriores. El incremento en el presupuesto de defensa chino responde a su objetivo de modernizar las fuerzas armadas, reducir la brecha tecnológica con Occidente y proyectar poder en su área de influencia, particularmente en el Mar del Sur de China. Las prioridades de gasto incluyen el desarrollo de portaaviones, misiles balísticos y capacidades cibernéticas, así como la consolidación de la Iniciativa del Cinturón y la Ruta como un componente estratégico de su política exterior.

En tercer lugar, encontramos a Rusia, cuyo gasto militar se estima en aproximadamente 86 mil millones de dólares. Aunque esta cifra puede parecer modesta en comparación con las dos potencias anteriores, representa un porcentaje significativo de su Producto Interno Bruto (PIB). Rusia ha priorizado la modernización de su arsenal nuclear y el desarrollo de tecnologías militares avanzadas como los sistemas de defensa antiaérea S-400 y S-500. Además, su intervención militar en conflictos como Siria y Ucrania refleja una estrategia de gasto enfocada en consolidar su influencia regional y desafiar el orden mundial liderado por Occidente.

En Europa, los presupuestos de defensa están marcados por las tensiones con Rusia y el compromiso con la Organización del Tratado del Atlántico Norte (OTAN). Alemania, Francia y el Reino Unido se destacan como los principales inversores, con presupuestos que oscilan entre los 50 y 60 mil millones de dólares anuales. La invasión de Ucrania por parte de Rusia en 2022 actuó como un catalizador para aumentar el gasto militar en la región, con varios países comprometiéndose a cumplir el objetivo de la OTAN de destinar al menos el 2% de su PIB a defensa. Este cambio de paradigma ha llevado a una renovada inversión en capacidades tradicionales como tanques y artillería, así como en áreas emergentes como la ciberseguridad y los drones.

En el ámbito de Asia-Pacífico, además de China, países como India, Japón y Corea del Sur están incrementando significativamente sus presupuestos de defensa. India, con un gasto de aproximadamente 76 mil millones de dólares, busca equilibrar las amenazas percibidas de China y Pakistán, mientras que Japón y Corea del Sur están fortaleciendo sus capacidades militares en respuesta a la creciente influencia de China y la amenaza nuclear de Corea del Norte. Este aumento en el gasto militar está acompañado por un esfuerzo conjunto para profundizar alianzas estratégicas con Estados Unidos y otros países de la región.

En Oriente Medio, el gasto militar es desproporcionadamente alto en relación con el tamaño de las economías nacionales. Arabia Saudita, por ejemplo, destina aproximadamente el 8% de su PIB a defensa, convirtiéndose en uno de los mayores importadores de armas del mundo. Este gasto está motivado por la percepción de amenazas regionales, como Irán, y por su intervención en el conflicto en Yemen. Irán, a pesar de enfrentarse a sanciones internacionales, también invierte significativamente en defensa, centrándose en capacidades asimétricas como misiles balísticos y fuerzas paramilitares.

En América Latina y África, los presupuestos de defensa son relativamente bajos en comparación con otras regiones. Sin embargo, existen excepciones notables. Brasil y Colombia lideran el gasto militar en América Latina, mientras que Sudáfrica y Nigeria ocupan posiciones destacadas en África. En ambas regiones, los presupuestos de defensa suelen estar más vinculados a problemas internos, como la lucha contra el crimen organizado y los conflictos locales, que a amenazas externas.

En términos comparativos, los presupuestos de defensa reflejan no solo las diferencias en las capacidades económicas de los países, sino también sus prioridades estratégicas y su percepción del entorno geopolítico. Mientras que las grandes potencias destinan recursos significativos al desarrollo de tecnologías avanzadas y a la proyección de poder, los países más pequeños tienden a enfocarse en necesidades inmediatas de seguridad interna. Este desequilibrio también se refleja en el comercio internacional de armas, donde un puñado de países, liderados por Estados Unidos, Rusia y China, dominan las exportaciones, mientras que la mayoría de los países dependen de importaciones para satisfacer sus necesidades de defensa.

Los presupuestos de defensa son un reflejo tangible de las prioridades económicas, políticas y estratégicas de los países. Su análisis permite no solo comprender las dinámicas del poder militar global, sino también anticipar tendencias en la economía internacional y en las relaciones internacionales. A medida que las tensiones geopolíticas continúan evolucionando, es probable que los presupuestos de defensa sigan siendo un área de inversión clave, con implicaciones de largo alcance para la economía global y la estabilidad internacional.

Inversiones en tecnología militar, armas y logística

Las inversiones en tecnología militar, armas y logística representan uno de los pilares fundamentales del gasto en defensa en el siglo XXI, dado su impacto directo en la capacidad de un país para proyectar poder, garantizar su seguridad nacional y mantener una ventaja estratégica frente a potenciales adversarios. En un contexto global marcado por avances tecnológicos acelerados y una creciente complejidad de las amenazas, los gobiernos han redoblado sus esfuerzos para desarrollar sistemas militares más sofisticados y eficientes, adaptándose a las necesidades del campo de batalla moderno. Este texto analiza de manera comprensiva el panorama actual de las inversiones en tecnología militar, armas y logística, explorando sus implicaciones económicas, políticas y estratégicas.

Uno de los aspectos más destacados en este ámbito es la carrera por la superioridad tecnológica. Los principales actores internacionales, como Estados Unidos, China y Rusia, están destinando recursos sustanciales al desarrollo de tecnologías emergentes que tienen el potencial de transformar el arte de la guerra. Entre estas se encuentran la inteligencia artificial (IA), los sistemas de armas hipersónicas, la robótica avanzada y la guerra cibernética.

La IA, por ejemplo, está revolucionando la forma en que se recopila, analiza y utiliza la información en contextos militares, permitiendo una toma de decisiones más rápida y precisa. Al mismo tiempo, los sistemas autónomos basados en IA, como drones y vehículos no tripulados, están redefiniendo el concepto de combate, reduciendo la necesidad de presencia humana directa en zonas de conflicto.

El desarrollo de armas hipersónicas es otro área de intensa competencia. Estas armas, capaces de alcanzar velocidades superiores a Mach 5, tienen el potencial de evadir los sistemas de defensa existentes y alcanzar objetivos con una rapidez sin precedentes. Tanto Rusia como China han realizado avances significativos en esta tecnología, lo que ha llevado a Estados Unidos y a otros países de la OTAN a redoblar sus esfuerzos en la investigación y el desarrollo de contramedidas. Estas inversiones no solo tienen implicaciones militares, sino también económicas, ya que requieren grandes sumas de dinero y la colaboración de empresas del sector público y privado.

En el ámbito de la robótica, los países están desarrollando una amplia gama de sistemas destinados a mejorar la efectividad y la seguridad de sus fuerzas armadas. Desde exoesqueletos que aumentan la capacidad física de los soldados hasta robots diseñados para desactivar explosivos, estas tecnologías están redefiniendo los límites de lo que es posible en el campo de batalla. Además, la robótica también está desempeñando un papel crucial en la logística militar, optimizando la distribución de suministros y reduciendo la exposición humana a situaciones peligrosas.

La guerra cibernética constituye otro frente crítico de inversión. Con el aumento de la dependencia global de las redes digitales, las vulnerabilidades en el ciberespacio se han convertido en una amenaza de primer orden. Los estados están destinando recursos significativos para fortalecer sus capacidades de defensa cibernética, así como para desarrollar herramientas ofensivas que puedan ser utilizadas en operaciones de guerra cibernética. Este tipo de inversiones no solo tienen un impacto directo en la seguridad nacional, sino que también influyen en la economía global, dado que los ataques cibernéticos pueden interrumpir cadenas de suministro, causar pérdidas financieras masivas y socavar la confianza en las instituciones.

El desarrollo de armas convencionales también sigue siendo una prioridad. A pesar del enfoque en tecnologías emergentes, los ejércitos modernos continúan invirtiendo en la mejora de sus capacidades tradicionales. Tanques, aviones de combate, buques de guerra y sistemas de artillería están siendo actualizados con nuevas tecnologías que mejoran su efectividad, durabilidad y precisión. Por ejemplo, los aviones de combate de quinta generación, como el F-35 de Estados Unidos y el Su-57 de Rusia, incorporan tecnologías furtivas, sensores avanzados y sistemas de comunicación integrados que les otorgan una ventaja significativa en el campo de batalla.

En el ámbito logístico, las fuerzas armadas están adoptando soluciones innovadoras para abordar los desafíos asociados con el transporte y el suministro de recursos en escenarios complejos. La logística militar moderna se basa cada vez más en tecnologías de automatización y análisis de datos para optimizar las cadenas de suministro y garantizar que los recursos lleguen a las unidades en el momento adecuado. Esto incluye el uso de drones para entregar suministros en zonas de difícil acceso, así como sistemas de seguimiento en tiempo real que proporcionan una visión integral de las operaciones logísticas.

El papel del sector privado en estas inversiones también es digno de mención. Empresas como Lockheed Martin, Boeing, Raytheon y Northrop Grumman en Estados Unidos, o Rostec en Rusia, desempeñan un papel central en el desarrollo de tecnologías militares avanzadas. Estas empresas colaboran estrechamente con los gobiernos para diseñar y producir sistemas de armas que cumplen con las necesidades específicas de las fuerzas armadas. Además, muchas de estas tecnologías tienen aplicaciones duales, lo que significa que también pueden ser utilizadas en el sector civil, generando beneficios económicos adicionales.

Desde una perspectiva económica, las inversiones en tecnología militar, armas y logística tienen un impacto significativo en los presupuestos nacionales y en la economía global. Estos gastos representan una parte considerable del PIB de muchos países, y su distribución puede influir en sectores clave como la investigación y el desarrollo, la manufactura y la educación. Sin embargo, también plantean desafíos, como el riesgo de sobregasto, la corrupción y la dependencia excesiva del sector de defensa.

La importancia de la inteligencia artificial (IA) en los sistemas de guerra actuales no puede subestimarse, ya que ha transformado profundamente la forma en que se conciben, planean y ejecutan las operaciones militares. En una era caracterizada por avances tecnológicos vertiginosos, la IA se ha convertido en un componente esencial para mantener la superioridad estratégica y operacional en el campo de batalla.

Uno de los aspectos más significativos de la IA en los sistemas de guerra es su capacidad para procesar y analizar grandes cantidades de datos en tiempo real. En un conflicto moderno, la información es un recurso crítico, y la habilidad para recopilar, interpretar y utilizar datos puede marcar la diferencia entre el éxito y el fracaso. Los sistemas basados en IA son capaces de integrar datos provenientes de múltiples fuentes, como satélites, drones, sensores terrestres y comunicaciones interceptadas, para proporcionar una visión completa y precisa del campo de batalla. Esto permite a los comandantes tomar decisiones más informadas y rápidas, optimizando la eficacia de las operaciones.

En el ámbito de la vigilancia y el reconocimiento, la IA ha revolucionado la forma en que se identifican y monitorean las amenazas. Los sistemas de reconocimiento facial, por ejemplo, pueden analizar imágenes de alta resolución capturadas por drones para identificar individuos específicos con una precisión sin precedentes. Asimismo, los algoritmos de aprendizaje profundo permiten a los sistemas de IA detectar patrones de comportamiento sospechosos en tiempo real, lo que resulta particularmente útil en entornos urbanos donde las amenazas pueden ser difíciles de identificar mediante métodos tradicionales.

La automatización de las plataformas militares es otra área en la que la IA ha tenido un impacto significativo. Los vehículos no tripulados, tanto aéreos como terrestres y marítimos, están equipados con sistemas de IA que les permiten operar de manera autónoma o semiautónoma en una variedad de entornos. Esto no solo reduce el riesgo para el personal humano, sino que también aumenta la eficiencia de las misiones. Por ejemplo, los drones equipados con IA pueden llevar a cabo misiones de reconocimiento en zonas de alto riesgo sin poner en peligro a los soldados, mientras que los vehículos terrestres autónomos pueden transportar suministros o evacuar heridos en condiciones adversas.

En el ámbito del combate, la IA está transformando la forma en que se desarrollan las estrategias y se ejecutan las operaciones. Los sistemas de armas inteligentes, como los misiles guiados por IA, pueden identificar y atacar objetivos con una precisión milimétrica, minimizando los daños colaterales.

Además, las plataformas de simulación basadas en IA permiten a los ejércitos entrenar a sus tropas en escenarios realistas que replican condiciones de combate con gran detalle. Esto no solo mejora la preparación de los soldados, sino que también reduce los costos asociados con el entrenamiento tradicional.

La ciberseguridad es otra área donde la IA juega un papel crucial. En un mundo cada vez más interconectado, las redes y sistemas digitales son objetivos prioritarios para los ciberataques. Los sistemas de IA pueden detectar y responder a amenazas cibernéticas en tiempo real, identificando patrones anómalos y neutralizando ataques antes de que causen daños significativos. Esto es particularmente importante para proteger infraestructuras críticas, como redes de comunicación militar, sistemas de control de armas y bases de datos sensibles.

Desde una perspectiva económica, la adopción de la IA en los sistemas de guerra representa tanto una oportunidad como un desafío. Por un lado, las inversiones en tecnologías de IA están impulsando la innovación y creando nuevos sectores industriales. Empresas del sector de defensa y tecnología, como Lockheed Martin, Raytheon y Palantir, están liderando el desarrollo de soluciones basadas en IA, generando empleo y estimulando el crecimiento económico. Por otro lado, el alto costo de estas tecnologías plantea desafíos para los países con presupuestos de defensa limitados, lo que podría exacerbar las desigualdades en el poder militar a nivel global.

La IA también plantea cuestiones éticas y políticas que deben ser consideradas. La capacidad de los sistemas de IA para operar de manera autónoma plantea preguntas sobre la responsabilidad en caso de errores o daños colaterales. Además, el uso de IA en armas letales ha generado debates sobre los riesgos de deshumanizar el acto de la guerra y las posibles consecuencias de delegar decisiones de vida o muerte a máquinas. Estas preocupaciones han llevado a la comunidad internacional a discutir la necesidad de regular el desarrollo y el uso de estas tecnologías, aunque hasta ahora los avances en este ámbito han sido limitados.

El impacto geopolítico de la IA en los sistemas de guerra también es significativo. Los países que lideran el desarrollo de tecnologías de IA tienen una ventaja competitiva que puede traducirse en influencia política y militar. Esto ha llevado a una nueva carrera tecnológica entre las principales potencias mundiales, con Estados Unidos y China a la cabeza. Ambos países están invirtiendo miles de millones de dólares en investigación y desarrollo, compitiendo por establecer estándares globales y garantizar su supremacía en este ámbito.

La inteligencia artificial está redefiniendo los límites de lo posible en los sistemas de guerra modernos, ofreciendo ventajas significativas en términos de eficiencia, precisión y seguridad. Sin embargo, su adopción también plantea desafíos complejos que requieren un enfoque equilibrado y responsable. A medida que la IA continúa evolucionando, será fundamental que los gobiernos, las organizaciones internacionales y el sector privado trabajen juntos para garantizar que estas tecnologías se utilicen de manera ética y sostenible, promoviendo la seguridad global y minimizando los riesgos asociados.

2 - Impacto en los mercados internacionales

Alteraciones en los precios de energía (petróleo, gas, renovables)

Las alteraciones en los precios de la energía, en particular el petróleo, el gas y las energías renovables, constituyen un tema crítico en el análisis de los conflictos globales y su impacto económico. La energía, como piedra angular del desarrollo industrial y el funcionamiento de las economías modernas, es profundamente sensible a las fluctuaciones derivadas de tensiones geopolíticas, guerras y conflictos regionales. La dependencia global de los combustibles fósiles y la transición hacia fuentes renovables también han introducido nuevas dinámicas que amplifican la volatilidad de los mercados energéticos.

El petróleo ha sido históricamente una de las principales commodities afectadas por las crisis geopolíticas. En escenarios de guerra, especialmente en regiones clave como Oriente Medio, el suministro global de petróleo se ve directamente amenazado. Este riesgo percibido genera aumentos en los precios, ya que los mercados reaccionan a la posibilidad de interrupciones en la producción o el transporte. Por ejemplo, durante la Guerra del Golfo en 1990-1991, el precio del barril de petróleo se disparó debido a las tensiones en la región, que alberga algunos de los mayores yacimientos del mundo. Del mismo modo, el conflicto ruso-ucraniano de 2022 ha tenido un impacto significativo en los precios energéticos, ya que Rusia es uno de los principales exportadores de petróleo y gas natural. Las sanciones impuestas por Occidente y la respuesta de Rusia al limitar el suministro de gas a Europa exacerbaron una crisis energética global, con precios que alcanzaron niveles históricos.

El gas natural, otra fuente crucial de energía, es igualmente vulnerable a las alteraciones provocadas por conflictos. Europa, en particular, ha experimentado la volatilidad de este mercado debido a su dependencia del gas ruso. Durante el invierno de 2022-2023, los precios del gas natural en Europa se dispararon tras la reducción del suministro ruso, obligando a los países a buscar alternativas a precios considerablemente más altos. Esto tuvo un efecto cascada en la economía, aumentando los costos de producción industrial, generando presiones inflacionarias y afectando a los consumidores a través de facturas energéticas más elevadas. Además, los países europeos incrementaron sus importaciones de gas natural licuado (GNL) de regiones como Estados Unidos y Qatar, lo que también influyó en los precios globales del GNL.

En este contexto, las energías renovables están desempeñando un papel cada vez más importante en la reducción de la dependencia de los combustibles fósiles. Sin embargo, la transición hacia estas fuentes de energía no está exenta de desafíos económicos y políticos. La producción de energía renovable, como la solar y la eólica, depende de materiales críticos como el litio, el cobalto y las tierras raras, cuya extracción y procesamiento están concentrados en unas pocas regiones. Esto introduce nuevas vulnerabilidades en la cadena de suministro, que pueden ser explotadas en tiempos de conflicto. Por ejemplo, las tensiones entre Estados Unidos y China han puesto de manifiesto la dependencia de Occidente de los minerales procesados en China, lo que podría llevar a aumentos en los precios de las tecnologías renovables en caso de sanciones o restricciones comerciales.

Desde una perspectiva macroeconómica, las alteraciones en los precios de la energía tienen efectos de largo alcance en las economías nacionales y globales. En los países importadores netos de energía, el aumento de los precios genera un incremento en los costos de producción y transporte, lo que se traduce en una inflación generalizada. Las empresas enfrentan mayores costos operativos, y los consumidores ven reducida su capacidad adquisitiva, lo que frena el crecimiento económico. Por el contrario, los países exportadores de energía pueden experimentar un auge económico temporal, ya que los altos precios generan ingresos extraordinarios. Sin embargo, esta dependencia de los ingresos energéticos también puede ser una fuente de vulnerabilidad, como se observó en el caso de Venezuela, donde la caída de los precios del petróleo llevó a una crisis económica profunda.

La volatilidad de los precios de la energía también afecta los mercados financieros. Los inversores reaccionan rápidamente a los cambios en los precios del petróleo y el gas, lo que genera fluctuaciones en los índices bursátiles y en los mercados de divisas. Las compañías energéticas suelen ver aumentos o caídas significativas en el valor de sus acciones en función de la dirección de los precios. Además, los cambios en los precios de la energía pueden influir en las decisiones de inversión en tecnologías alternativas, con implicaciones de largo plazo para la transición energética.

Otro aspecto relevante es el impacto de los precios de la energía en la seguridad energética. Los países que dependen en gran medida de las importaciones de energía enfrentan riesgos significativos en tiempos de crisis. Esto ha llevado a muchos gobiernos a priorizar la diversificación de sus fuentes de energía y a invertir en almacenamiento estratégico. Por ejemplo, Japón, que importa casi toda su energía, ha desarrollado una política de almacenamiento de petróleo para mitigar el impacto de las interrupciones en el suministro. De manera similar, la Unión Europea ha acelerado sus planes para aumentar la capacidad de almacenamiento de gas y diversificar sus proveedores tras las tensiones con Rusia.

Las alteraciones en los precios de la energía son un reflejo de las complejas interacciones entre la geopolítica, la economía y las tecnologías emergentes. La dependencia global de los combustibles fósiles sigue siendo un factor clave que amplifica la volatilidad en los mercados energéticos, mientras que la transición hacia energías renovables introduce nuevas dinámicas y desafíos. Comprender estas interacciones es fundamental para desarrollar políticas que promuevan la estabilidad económica y la seguridad energética en un mundo cada vez más interconectado y susceptible a las tensiones internacionales.

Efectos en las cadenas de suministro

Las cadenas de suministro global son estructuras complejas que conectan a miles de empresas, regiones y países en una red interdependiente diseñada para garantizar el flujo constante de bienes, servicios y recursos en la economía global. En este contexto, los conflictos armados, las tensiones geopolíticas y las crisis internacionales tienen el potencial de desestabilizar estas redes de manera significativa, afectando tanto la disponibilidad como el costo de productos esenciales y materias primas. La interrupción de las cadenas de suministro globales es uno de los impactos más evidentes y preocupantes de las guerras y conflictos modernos, generando consecuencias que se extienden más allá de las regiones directamente afectadas.

En tiempos de conflicto, las rutas comerciales tradicionales suelen quedar comprometidas. Los bloqueos en puertos, la destrucción de infraestructuras críticas como carreteras, ferrocarriles y almacenes, y las restricciones impuestas por los gobiernos en respuesta a las hostilidades, pueden interrumpir el movimiento de bienes. Por ejemplo, el conflicto entre Rusia y Ucrania ha tenido un impacto devastador en el suministro global de productos agrícolas, como el trigo, ya que ambos países son grandes exportadores de este recurso básico. La imposibilidad de transportar estos bienes ha generado aumentos en los precios de los alimentos y ha puesto en riesgo la seguridad alimentaria en regiones altamente dependientes de estas importaciones, como el norte de África y Oriente Medio.

El efecto cascada de estas interrupciones también se manifiesta en sectores clave como la tecnología, la automoción y la manufactura industrial. Muchos de estos sectores dependen de componentes específicos provenientes de un reducido número de proveedores ubicados en regiones afectadas por conflictos. Por ejemplo, la escasez de semiconductores durante la pandemia de COVID-19, exacerbada posteriormente por tensiones geopolíticas, puso de relieve la fragilidad de estas cadenas de suministro. La incapacidad de obtener chips y componentes electrónicos en cantidades suficientes detuvo líneas de producción en industrias que van desde la electrónica de consumo hasta la fabricación de automóviles, generando pérdidas multimillonarias.

Las empresas también enfrentan aumentos significativos en los costos operativos debido a la necesidad de diversificar sus fuentes de suministro o buscar alternativas logísticas más costosas. La reubicación de líneas de producción, la implementación de cadenas de suministro regionales y la inversión en almacenamiento y tecnologías de monitoreo representan respuestas comunes a las crisis, pero implican costos sustanciales que pueden no ser sostenibles para todas las empresas. Además, la dependencia de rutas comerciales específicas, como el Canal de Suez o el Estrecho de Ormuz, introduce vulnerabilidades adicionales. Cuando estas rutas se ven interrumpidas por conflictos, como ocurrió durante el bloqueo del Canal de Suez en 2021, los impactos se extienden rápidamente por toda la economía global, causando demoras y sobrecostos que afectan a consumidores y empresas por igual.

La logística global también enfrenta presiones significativas debido a los aumentos en los precios del transporte y el combustible. Las guerras suelen provocar incrementos en los costos del petróleo y el gas, que son componentes clave del transporte marítimo, terrestre y aéreo. Esto genera una espiral inflacionaria, donde los costos adicionales se transfieren a los precios finales de los productos, afectando a los consumidores en todo el mundo. Además, los seguros para el transporte de mercancías en regiones en conflicto también se encarecen, lo que incrementa aún más los costos operativos. Por ejemplo, durante los conflictos en Oriente Medio, las primas de seguro para los envíos a través del Golfo Pérsico aumentaron considerablemente, lo que desalentó a muchas empresas a operar en la región.

Otra dimensión importante es la creciente dependencia de las tecnologías digitales y la infraestructura cibernética en la gestión de las cadenas de suministro. Los conflictos modernos suelen incluir ataques cibernéticos dirigidos a sistemas de logística y bases de datos corporativas, interrumpiendo la capacidad de las empresas para coordinar el flujo de bienes. Estos ataques no solo paralizan las operaciones comerciales, sino que también generan pérdidas significativas en forma de rescates exigidos por los atacantes, costos de reparación de sistemas y daños reputacionales. Las cadenas de suministro digitales, aunque más eficientes en muchos aspectos, también son más vulnerables a estas amenazas en un mundo interconectado.

La respuesta de los gobiernos y las instituciones internacionales también juega un papel crucial en mitigar el impacto de las interrupciones en las cadenas de suministro. Políticas como la eliminación de aranceles, la concesión de subsidios para la producción local y la facilitación del comercio en tiempos de crisis pueden ayudar a aliviar algunas de las presiones. Sin embargo, estas medidas también pueden generar tensiones comerciales a largo plazo, especialmente si los países recurren a políticas proteccionistas que exacerban la fragmentación del comercio global. La pandemia de COVID-19 sirvió como un ejemplo de cómo las restricciones a la exportación de productos clave, como equipos médicos y vacunas, pueden agravar las crisis existentes y dificultar la recuperación económica.

El impacto en las cadenas de suministro global también tiene implicaciones sociales significativas. Las comunidades y regiones que dependen del comercio internacional para el suministro de bienes esenciales enfrentan escasez y aumento de precios en tiempos de conflicto. Esto puede llevar a crisis humanitarias, especialmente en países en desarrollo donde el acceso a alimentos, medicamentos y otros productos básicos depende en gran medida de las importaciones. La inseguridad alimentaria y la falta de acceso a recursos críticos a menudo exacerban las tensiones sociales y políticas, creando un ciclo vicioso que perpetúa los problemas económicos y sociales.

Mercados financieros: volatilidad y ajustes

Los mercados financieros son un componente fundamental, desempeñando un papel crucial en la asignación de recursos, la determinación de precios y la facilitación del comercio y la inversión internacional. Sin embargo, también son inherentemente vulnerables a las fluctuaciones derivadas de eventos externos, como los conflictos armados, las tensiones geopolíticas y las crisis económicas. La volatilidad y los ajustes en los mercados financieros son respuestas inevitables ante la incertidumbre que generan estas situaciones, reflejando no solo las percepciones de riesgo de los inversores, sino también los desequilibrios fundamentales que pueden surgir en la economía global.

La volatilidad en los mercados financieros se manifiesta en movimientos bruscos y erráticos en los precios de activos como acciones, bonos, divisas y materias primas. Los conflictos armados suelen actuar como catalizadores de esta volatilidad, ya que generan incertidumbre sobre el futuro económico y político. Por ejemplo, durante el inicio de una guerra, los inversores tienden a reaccionar con ventas masivas de activos de riesgo, como acciones, y buscan refugio en inversiones consideradas más seguras, como el oro, el dólar estadounidense o los bonos del Tesoro de Estados Unidos. Este fenómeno, conocido como "vuelo hacia la calidad", refleja un cambio drástico en las preferencias de los inversores hacia activos que ofrecen estabilidad en tiempos de incertidumbre.

Uno de los aspectos más notables de la volatilidad en los mercados financieros es su capacidad para propagarse rápidamente a través de diferentes regiones y clases de activos. La interconexión de los mercados globales significa que un evento en una región específica, como un conflicto en Oriente Medio, puede tener repercusiones inmediatas en mercados tan distantes como Asia, Europa o América Latina. Los precios del petróleo, por ejemplo, tienden a reaccionar de manera casi instantánea ante cualquier interrupción en el suministro de crudo, lo que afecta no solo a los mercados de energía, sino también a las divisas de los países exportadores e importadores de energía, así como a las acciones de empresas relacionadas con el sector.

Los ajustes en los mercados financieros también son una respuesta común a los conflictos y crisis. Estos ajustes pueden tomar la forma de cambios en las valoraciones de activos, revisiones en las calificaciones crediticias de países y empresas, y alteraciones en las estrategias de inversión de los grandes fondos institucionales. Por ejemplo, las agencias calificadoras de crédito suelen rebajar las calificaciones soberanas de los países involucrados en conflictos armados, reflejando el aumento del riesgo de impago y las perspectivas económicas deterioradas. Esta rebaja puede encarecer el costo del financiamiento para estos países, exacerbando sus problemas fiscales y limitando su capacidad para financiar esfuerzos de reconstrucción o mantener programas sociales.

Los mercados bursátiles también experimentan ajustes significativos en tiempos de guerra o tensiones geopolíticas. Las empresas con exposición directa a las regiones afectadas suelen ver una caída en el precio de sus acciones, ya que los inversores anticipan interrupciones en sus operaciones, aumento de costos o pérdida de ingresos. Por otro lado, algunas industrias pueden beneficiarse de estos eventos, como las empresas de defensa, que tienden a experimentar aumentos en sus valoraciones debido a la mayor demanda de equipos y tecnología militar. Estos movimientos generan una reconfiguración de los portafolios de inversión, con una mayor concentración en sectores considerados resilientes o con potencial de crecimiento en el contexto de un conflicto.

Un elemento clave que amplifica la volatilidad y los ajustes en los mercados financieros durante los conflictos es el papel de los inversores especulativos y los fondos de cobertura. Estos actores suelen aprovechar las fluctuaciones en los precios de los activos para obtener ganancias a corto plazo, lo que puede intensificar los movimientos de los mercados y aumentar la incertidumbre. Por ejemplo, las apuestas especulativas en los mercados de materias primas pueden llevar a aumentos exagerados en los precios del petróleo o los alimentos, agravando las presiones inflacionarias y afectando negativamente a los consumidores y las economías vulnerables.

La incertidumbre también se refleja en los mercados de divisas, donde los tipos de cambio pueden experimentar movimientos drásticos en respuesta a los conflictos. Las monedas de los países directamente involucrados en guerras suelen depreciarse, reflejando la fuga de capitales y la disminución de la confianza de los inversores. Por otro lado, las monedas consideradas refugios seguros, como el franco suizo o el yen japonés, tienden a apreciarse, lo que puede tener implicaciones económicas para los países emisores, como una disminución en la competitividad de sus exportaciones.

La intervención de los bancos centrales y las autoridades financieras es otro factor crucial que influye en la dinámica de los mercados financieros durante los conflictos. Estas instituciones suelen implementar medidas de estímulo monetario o fiscal para mitigar el impacto de la volatilidad y estabilizar los mercados. Por ejemplo, los bancos centrales pueden reducir las tasas de interés, implementar programas de compra de activos o proporcionar liquidez adicional a los mercados para evitar el colapso de los sistemas financieros. Sin embargo, estas medidas también tienen sus limitaciones y pueden generar desequilibrios a largo plazo, como el aumento de la deuda pública o el riesgo de burbujas especulativas en ciertos mercados.

En los mercados de deuda, los conflictos y las tensiones geopolíticas pueden alterar significativamente las tasas de interés y los rendimientos de los bonos. Los países en guerra o en riesgo de inestabilidad suelen enfrentar mayores costos de endeudamiento, lo que limita su capacidad para financiar proyectos de infraestructura o programas sociales. Al mismo tiempo, los bonos de países considerados seguros, como los bonos del Tesoro de Estados Unidos, tienden a experimentar un aumento en la demanda, lo que reduce sus rendimientos y refuerza su papel como activos refugio. Esta polarización en los mercados de deuda refleja las percepciones divergentes de riesgo y seguridad entre los inversores.

Otro aspecto importante es el impacto de los conflictos en los flujos de capital internacional. Las inversiones extranjeras directas (IED) suelen disminuir drásticamente en las regiones afectadas por guerras, ya que las empresas extranjeras perciben mayores riesgos asociados con la inestabilidad política y la inseguridad física. Esta retracción de capital puede tener efectos devastadores en las economías locales, limitando las oportunidades de empleo y reduciendo la capacidad de los gobiernos para generar ingresos fiscales. Al mismo tiempo, los flujos de capital tienden a redirigirse hacia mercados considerados más seguros, lo que puede generar desequilibrios en las economías receptoras, como burbujas de activos o apreciaciones excesivas de las monedas.

Los mercados financieros también enfrentan desafíos regulatorios durante los conflictos, ya que los gobiernos y las instituciones internacionales buscan prevenir el financiamiento de actividades ilícitas o terroristas. Las sanciones económicas son una herramienta común utilizada para restringir el acceso de ciertos países o entidades a los mercados globales. Estas sanciones pueden incluir la congelación de activos, la prohibición de transacciones financieras o la exclusión de sistemas de pago internacionales, como SWIFT. Si bien estas medidas pueden ser efectivas para presionar a los regímenes responsables, también tienen consecuencias colaterales para las empresas y los inversores que operan en los mercados afectados.

En el ámbito de las materias primas, los conflictos suelen generar aumentos en los precios de recursos críticos como el petróleo, el gas natural y los metales preciosos. Estos aumentos reflejan tanto las interrupciones en el suministro como las expectativas especulativas de escasez futura. Los altos precios de las materias primas pueden beneficiar a los exportadores de recursos, pero también imponen costos significativos a los importadores, exacerbando los desequilibrios comerciales y las presiones inflacionarias. Además, los mercados de derivados vinculados a materias primas, como los futuros y las opciones, se vuelven más volátiles durante los conflictos, lo que representa tanto oportunidades como riesgos para los participantes del mercado.

3 - Costes indirectos para las economías nacionales

Inflación y devaluación de monedas

Los conflictos armados y las tensiones geopolíticas no solo generan costos directos en términos de destrucción física y gasto militar, sino también una serie de efectos indirectos que impactan profundamente en las economías nacionales. Entre estos efectos, la inflación y la devaluación de las monedas se destacan como consecuencias inevitables que afectan tanto a los países involucrados directamente en los conflictos como a aquellos que están interconectados a través de redes comerciales y financieras globales. Estos fenómenos, aunque indirectos, pueden tener repercusiones duraderas en la estabilidad económica y social de las naciones, amplificando los costos totales de los conflictos.

La inflación, definida como el aumento generalizado y sostenido de los precios de bienes y servicios, es una de las primeras manifestaciones económicas de un conflicto armado. Durante las guerras, la capacidad de producción de un país puede verse severamente afectada debido a la destrucción de infraestructura, la pérdida de fuerza laboral y las interrupciones en las cadenas de suministro. Estos factores generan escasez de bienes esenciales, lo que provoca un aumento en los precios. Además, los gobiernos en guerra a menudo recurren a la emisión de moneda para financiar sus operaciones militares, lo que inyecta liquidez en la economía y exacerba las presiones inflacionarias.

En los países directamente involucrados en conflictos, la inflación puede alcanzar niveles hiperinflacionarios, como se observó durante las guerras mundiales y más recientemente en conflictos regionales. La hiperinflación no solo erosiona el poder adquisitivo de los ciudadanos, sino que también desestabiliza las economías al socavar la confianza en la moneda nacional. Las personas y las empresas tienden a buscar activos refugio, como divisas extranjeras o bienes tangibles, lo que aún más debilita la demanda de la moneda local y acelera su devaluación.

La devaluación de las monedas es otra consecuencia común de los conflictos, derivada tanto de las dinámicas internas como de las presiones externas. En tiempos de guerra, los países suelen enfrentar desequilibrios en sus cuentas externas debido a la disminución de las exportaciones, el aumento de las importaciones y la pérdida de confianza de los inversores extranjeros. Estas condiciones conducen a una depreciación de la moneda nacional, lo que agrava los problemas inflacionarios al encarecer los bienes importados. Además, la fuga de capitales, que es común durante los conflictos, también ejerce presión sobre el tipo de cambio, acelerando la devaluación.

En un contexto de inflación y devaluación, los gobiernos enfrentan decisiones difíciles en cuanto a políticas económicas. Por un lado, pueden intentar controlar la inflación mediante políticas monetarias restrictivas, como el aumento de las tasas de interés. Sin embargo, estas medidas pueden tener el efecto secundario de desacelerar aún más la economía, lo que resulta contraproducente en una situación ya debilitada. Por otro lado, algunos gobiernos optan por implementar controles de precios y salarios para contener la inflación, pero estas políticas a menudo generan distorsiones en el mercado y pueden conducir a una economía sumergida o al desabastecimiento de bienes.

La inflación y la devaluación también tienen implicaciones significativas para los niveles de deuda de los países en conflicto. En muchos casos, los gobiernos dependen en gran medida de la deuda externa para financiar sus esfuerzos militares. Sin embargo, la devaluación de la moneda nacional aumenta el costo de servicio de esta deuda, ya que los pagos en moneda extranjera se vuelven más caros. Esto puede llevar a una situación de insostenibilidad fiscal, donde los países se ven obligados a reestructurar su deuda o incluso a incurrir en impagos.

Las consecuencias de la inflación y la devaluación también se extienden al sector privado. Las empresas que dependen de insumos importados enfrentan costos más altos, lo que reduce sus márgenes de ganancia y puede llevar al cierre de operaciones. Asimismo, los consumidores ven erosionado su poder adquisitivo, lo que disminuye la demanda agregada y profundiza la recesión económica. En este contexto, las economías también experimentan un aumento en la desigualdad, ya que las familias de bajos ingresos suelen ser las más afectadas por el aumento de los precios de bienes esenciales.

La inflación y la devaluación también tienen un impacto significativo en el comercio internacional. Los países en conflicto suelen experimentar una disminución en sus exportaciones debido a la interrupción de la producción y las sanciones económicas impuestas por otros países. Al mismo tiempo, el aumento de los costos de las importaciones exacerba los desequilibrios en la balanza de pagos, lo que añade más presión sobre la moneda nacional. En algunos casos, los países pueden recurrir al proteccionismo para intentar proteger sus industrias locales, pero estas medidas a menudo generan represalias y pueden llevar a una disminución generalizada del comercio global.

En el ámbito internacional, los efectos de la inflación y la devaluación en los países en conflicto también pueden tener repercusiones para otras economías. Por ejemplo, los socios comerciales de estos países pueden enfrentar una disminución en la demanda de sus exportaciones, lo que afecta negativamente a sus propias economías. Además, las multinacionales que operan en regiones en conflicto suelen enfrentar pérdidas significativas debido a la devaluación de las monedas locales y las interrupciones en sus operaciones. Estas pérdidas pueden tener un efecto dominó en los mercados financieros globales, exacerbando la volatilidad y aumentando la incertidumbre.

Otro aspecto importante que considerar es el impacto de la inflación y la devaluación en los sistemas bancarios y financieros de los países en conflicto. Los bancos suelen enfrentar un aumento en los préstamos incobrables debido a que las empresas y los individuos luchan por cumplir con sus obligaciones financieras en un entorno económico difícil. Además, la devaluación de la moneda puede erosionar el valor de los activos bancarios denominados en moneda local, debilitando la estabilidad del sistema financiero. En algunos casos, esto puede llevar a una crisis bancaria, que aún más agrava los problemas económicos.

Los efectos de la inflación y la devaluación también tienen implicaciones para las políticas sociales y el bienestar de la población. Los aumentos en los precios de los alimentos y la energía, que suelen ser las categorías más afectadas por la inflación durante los conflictos, tienen un impacto desproporcionado en los hogares de bajos ingresos. Esto puede conducir a un aumento en la pobreza y la inseguridad alimentaria, así como a tensiones sociales y políticas. Los gobiernos enfrentan el desafío de equilibrar las demandas de gasto militar con la necesidad de proteger a sus poblaciones más vulnerables, lo que a menudo resulta en recortes en los programas sociales y un deterioro en los servicios públicos.

Finalmente, es importante señalar que los efectos de la inflación y la devaluación no se limitan al corto plazo. Las economías de los países en conflicto pueden tardar décadas en recuperarse completamente, ya que los efectos acumulativos de estos fenómenos debilitan las bases estructurales del crecimiento económico. La pérdida de confianza en las instituciones, el deterioro de la infraestructura y la fuga de capital humano son algunos de los factores que dificultan la recuperación económica y perpetúan los ciclos de pobreza y desigualdad.

Aumento del endeudamiento público

El aumento del endeudamiento público como consecuencia indirecta de los conflictos armados y las tensiones internacionales es un tema que merece una atención detallada, ya que representa un costo significativo para las economías nacionales y tiene implicaciones de largo alcance en la estabilidad fiscal y económica. Durante los conflictos, los gobiernos a menudo se ven obligados a recurrir a niveles sin precedentes de endeudamiento público para financiar los gastos militares, responder a crisis humanitarias y estabilizar economías que han sido gravemente afectadas. Esta acumulación de deuda no solo afecta la capacidad de un país para gestionar su presupuesto en el corto plazo, sino que también puede tener consecuencias profundas en las generaciones futuras.

Uno de los factores clave que contribuyen al aumento del endeudamiento público en tiempos de conflicto es la necesidad de financiar el gasto militar. Los presupuestos de defensa suelen experimentar incrementos drásticos durante las guerras, ya que los gobiernos priorizan la adquisición de armamento, la movilización de tropas y la logística necesaria para mantener las operaciones en el frente. Estas erogaciones representan una carga considerable para las arcas estatales, especialmente en países con economías ya debilitadas o con recursos fiscales limitados. En muchos casos, la incapacidad de financiar estos gastos a través de ingresos fiscales obliga a los gobiernos a emitir deuda, tanto en moneda local como en divisas extranjeras.

La emisión de deuda en tiempos de conflicto a menudo se ve facilitada por el acceso a mercados internacionales de capital. Sin embargo, esta dependencia de financiamiento externo tiene sus propios riesgos. Los inversores suelen exigir tasas de interés más altas para compensar el riesgo percibido de impago, lo que incrementa el costo del endeudamiento. Además, los países en conflicto suelen enfrentar dificultades adicionales debido a la inestabilidad política y económica, que pueden llevar a una desconfianza generalizada en su capacidad para cumplir con las obligaciones de deuda. Esta situación puede crear un círculo vicioso en el que el aumento de los costos de financiamiento exacerba aún más la necesidad de endeudarse.

Otro aspecto crucial del endeudamiento público relacionado con los conflictos es el impacto de las crisis humanitarias y las necesidades de reconstrucción. Las guerras a menudo resultan en la destrucción de infraestructura clave, como carreteras, puentes, hospitales y escuelas. La reconstrucción de estas instalaciones esenciales requiere inversiones sustanciales, que los gobiernos suelen financiar a través de deuda. Además, las crisis humanitarias derivadas de los conflictos, como el desplazamiento masivo de poblaciones y la necesidad de asistencia humanitaria, también imponen demandas significativas sobre los recursos fiscales. Los programas de ayuda, alojamiento y reintegración de refugiados suelen financiarse mediante aumentos en el endeudamiento público, lo que agrava aún más la carga financiera de los gobiernos.

La dinámica del endeudamiento público también está influenciada por la devaluación de las monedas y la inflación, que son efectos comunes de los conflictos armados. La devaluación de la moneda nacional puede aumentar significativamente el costo del servicio de la deuda externa, ya que los pagos en divisas extranjeras se vuelven más costosos en términos de moneda local. Esto puede llevar a una situación en la que los gobiernos tengan que destinar una proporción cada vez mayor de sus ingresos fiscales al servicio de la deuda, dejando menos recursos disponibles para otras prioridades. La inflación, por su parte, puede erosionar el valor de los ingresos fiscales reales, lo que aún más complica la gestión del endeudamiento.

En este contexto, los países en conflicto a menudo recurren a instituciones financieras internacionales, como el Fondo Monetario Internacional (FMI) y el Banco Mundial, para obtener apoyo financiero. Estas instituciones suelen proporcionar préstamos en condiciones concesionales o programas de asistencia para ayudar a los gobiernos a estabilizar sus economías y financiar necesidades urgentes. Sin embargo, el acceso a estos recursos suele estar condicionado a la implementación de reformas estructurales y políticas de austeridad, que pueden generar tensiones sociales y políticas. Además, los préstamos de estas instituciones añaden a la carga total de la deuda, lo que plantea preguntas sobre la sostenibilidad fiscal a largo plazo.

El endeudamiento público también tiene implicaciones significativas para las economías postconflicto. Una vez que cesan las hostilidades, los países enfrentan el desafío de reconstruir sus economías y restaurar la confianza de los inversores. Sin embargo, los altos niveles de deuda acumulados durante el conflicto pueden limitar la capacidad de los gobiernos para invertir en el crecimiento económico y el desarrollo. Además, los elevados costos de servicio de la deuda pueden desviar recursos de sectores esenciales, como la educación, la salud y la infraestructura, lo que retrasa la recuperación económica y perpetúa los problemas sociales.

La sostenibilidad del endeudamiento público en países afectados por conflictos también está influenciada por factores externos, como las condiciones del mercado global y la disponibilidad de financiamiento. Los cambios en las tasas de interés internacionales, la volatilidad en los mercados de divisas y las fluctuaciones en los precios de las materias primas pueden tener un impacto significativo en la capacidad de los países para gestionar su deuda. Por ejemplo, un aumento en las tasas de interés globales puede incrementar el costo del servicio de la deuda, mientras que una caída en los precios de las exportaciones clave puede reducir los ingresos fiscales y agravar los desequilibrios fiscales.

El impacto del endeudamiento público también se extiende al sector privado, ya que los altos niveles de deuda soberana pueden afectar la disponibilidad de crédito y aumentar los costos de financiamiento para las empresas. En algunos casos, los gobiernos recurren al sector financiero doméstico para financiar sus déficits presupuestarios, lo que puede desplazar el crédito disponible para el sector privado y limitar el crecimiento económico. Además, la incertidumbre sobre la sostenibilidad fiscal puede desincentivar la inversión privada y exacerbar la fuga de capitales, lo que aún más debilita la economía.

Las consecuencias sociales del endeudamiento público también son significativas. Los altos niveles de deuda pueden llevar a recortes en el gasto social, lo que afecta desproporcionadamente a las poblaciones vulnerables. La reducción de los programas de bienestar, el deterioro de los servicios públicos y el aumento de la pobreza son algunos de los efectos secundarios del endeudamiento excesivo. Estas condiciones pueden generar tensiones sociales y políticas, lo que a su vez puede afectar la estabilidad y la cohesión social en los países afectados.

El aumento del endeudamiento público es una consecuencia indirecta pero significativa de los conflictos armados, con implicaciones de largo alcance para las economías nacionales. Desde el financiamiento de gastos militares y la reconstrucción hasta el impacto en la sostenibilidad fiscal y el desarrollo económico, el endeudamiento público plantea una serie de desafíos complejos que requieren una gestión cuidadosa y estrategias de mitigación efectivas.

Pérdida de inversión extranjera directa

La pérdida de inversión extranjera directa (IED) es uno de los efectos colaterales más significativos y perjudiciales de los conflictos armados y las tensiones geopolíticas en el panorama económico global. La IED, entendida como el flujo de capital internacional destinado a establecer o expandir operaciones empresariales en otros países, desempeña un papel crucial en el desarrollo económico, la creación de empleo y la transferencia de tecnología. Sin embargo, los conflictos generan incertidumbre, riesgo y desconfianza, factores que disuaden a los inversores extranjeros de comprometer sus recursos en regiones afectadas. Este fenómeno no solo afecta a los países directamente involucrados en los conflictos, sino que también puede tener repercusiones en las economías vecinas y en los mercados globales.

Uno de los principales mecanismos a través de los cuales los conflictos afectan la IED es la alteración de las condiciones de seguridad. La inestabilidad política y la violencia asociadas a los conflictos crean un entorno hostil para los negocios, donde las empresas enfrentan riesgos elevados de daños a sus activos, interrupciones operativas y costos adicionales relacionados con la seguridad. Este entorno disuade a los inversores extranjeros, quienes buscan minimizar el riesgo y garantizar un retorno sostenible sobre su inversión. Además, las empresas multinacionales que ya operan en regiones afectadas a menudo optan por reducir o cerrar sus operaciones, lo que amplifica la fuga de capitales y exacerba las dificultades económicas locales.

El impacto de los conflictos en la estabilidad institucional también juega un papel crucial en la pérdida de IED. Los conflictos socavan la capacidad de los gobiernos para garantizar el cumplimiento de contratos, proteger los derechos de propiedad y mantener un sistema judicial funcional. Estas debilidades institucionales generan desconfianza entre los inversores extranjeros, quienes perciben un mayor riesgo de expropiación, cambios regulatorios arbitrarios y dificultades para repatriar ganancias. La falta de un marco legal y regulatorio confiable reduce significativamente el atractivo de los países en conflicto como destinos de inversión.

Los conflictos también tienen un impacto directo en las condiciones macroeconómicas de los países afectados, lo que a su vez influye en la IED. La destrucción de infraestructura clave, como carreteras, puertos y sistemas de energía, limita la capacidad de las empresas para operar eficientemente y aumenta los costos de producción. La pérdida de capital humano debido a desplazamientos masivos y la emigración también afecta negativamente la productividad y la competitividad de los países en conflicto. Estas condiciones adversas hacen que los países afectados sean menos atractivos para los inversores extranjeros, que suelen priorizar mercados con infraestructura desarrollada, mano de obra capacitada y un entorno macroeconómico estable.

La incertidumbre política y económica derivada de los conflictos también afecta la percepción de riesgo de los inversores extranjeros. Los conflictos suelen estar asociados con volatilidad en los mercados financieros, fluctuaciones en los tipos de cambio y presiones inflacionarias, lo que aumenta la incertidumbre sobre el rendimiento futuro de las inversiones. Esta percepción de riesgo puede llevar a una reevaluación de las prioridades de inversión por parte de las empresas multinacionales, que optan por redirigir sus recursos hacia mercados más seguros y predecibles.

El efecto de los conflictos en la IED no se limita a las regiones directamente afectadas. Las tensiones geopolíticas pueden tener un efecto dominó en las economías vecinas, especialmente en aquellos países que comparten lazos comerciales o financieros estrechos con los estados en conflicto. Por ejemplo, la interrupción de las cadenas de suministro regionales, la disminución de la demanda de exportaciones y el aumento de los costos de transporte pueden afectar negativamente la atracción de IED en las economías colindantes. Además, los conflictos pueden desestabilizar bloques económicos regionales y generar incertidumbre sobre la viabilidad de acuerdos comerciales y de inversión.

Un caso paradigmático es el impacto de las sanciones económicas internacionales en los flujos de IED hacia países en conflicto. Las sanciones, que a menudo se utilizan como herramienta para presionar a los gobiernos en conflicto, pueden restringir significativamente la capacidad de los países afectados para atraer inversión extranjera. Estas medidas pueden incluir restricciones al comercio, congelación de activos y limitaciones al acceso a mercados financieros internacionales. Aunque las sanciones tienen como objetivo influir en el comportamiento de los gobiernos en conflicto, también afectan negativamente a las economías locales y a la percepción de riesgo de los inversores extranjeros.

El papel de las percepciones y expectativas también es fundamental en la dinámica de la IED durante los conflictos. Los inversores extranjeros suelen basar sus decisiones en evaluaciones subjetivas de riesgo y en la información disponible sobre la situación en los países en conflicto. Los medios de comunicación, los informes de agencias de calificación crediticia y las evaluaciones de organismos internacionales pueden influir significativamente en estas percepciones. Una cobertura mediática negativa o la rebaja de la calificación crediticia de un país pueden disuadir a los inversores extranjeros, incluso si los fundamentos económicos del país siguen siendo relativamente sólidos.
En algunos casos, los conflictos también pueden generar oportunidades para ciertos tipos de inversión extranjera, particularmente en sectores relacionados con la seguridad, la reconstrucción y los recursos naturales. Sin embargo, estas oportunidades suelen estar limitadas a un número reducido de empresas y no compensan la pérdida general de IED en otros sectores de la economía. Además, estas inversiones a menudo enfrentan críticas debido a preocupaciones éticas y la percepción de que se están beneficiando de la inestabilidad y el sufrimiento causados por los conflictos.

Las estrategias para mitigar la pérdida de IED durante y después de los conflictos incluyen el fortalecimiento de las instituciones, la mejora del entorno empresarial y la implementación de políticas que promuevan la estabilidad y la confianza. Los gobiernos pueden adoptar medidas para proteger los derechos de los inversores extranjeros, simplificar los procedimientos regulatorios y ofrecer incentivos fiscales para atraer capital internacional. Además, la cooperación con organismos internacionales y socios bilaterales puede desempeñar un papel crucial en la creación de un entorno favorable para la inversión extranjera. Sin embargo, la efectividad de estas medidas depende en gran medida de la resolución de los conflictos subyacentes y del restablecimiento de la paz y la estabilidad.

El impacto de la pérdida de IED en las economías afectadas por conflictos también pone de relieve la importancia de la integración económica regional y global. Los acuerdos comerciales y de inversión pueden actuar como amortiguadores frente a las perturbaciones causadas por los conflictos, al diversificar las fuentes de inversión y promover la resiliencia económica. Además, la colaboración regional puede facilitar la reconstrucción y la recuperación económica, al proporcionar un marco para la cooperación en áreas como infraestructura, comercio y desarrollo humano.

Es una de las muchas facetas del impacto económico de los conflictos armados. Su efecto se siente tanto en los países directamente involucrados como en las economías vecinas y en el sistema económico global. Comprender las dinámicas que subyacen a esta pérdida es esencial para desarrollar estrategias que mitiguen sus efectos y promuevan un entorno propicio para la inversión una vez que se haya restablecido la paz y la estabilidad.

Agricultura y alimentación: escasez y aumento de precios

Los sectores de la agricultura y la alimentación son particularmente vulnerables a las perturbaciones causadas por conflictos armados y crisis geopolíticas. Estos sectores, fundamentales para la seguridad alimentaria global, se enfrentan a una variedad de desafíos durante los conflictos, incluyendo la escasez de recursos, el aumento de los precios y la interrupción de las cadenas de suministro. Estas tensiones tienen repercusiones significativas tanto a nivel local como internacional, exacerbando la inseguridad alimentaria y afectando el bienestar económico de millones de personas.

Una de las principales vías a través de las cuales los conflictos afectan a la agricultura y la alimentación es la interrupción de las actividades de producción. Las guerras y los conflictos armados suelen desplazarse a las zonas rurales, donde se concentran las actividades agrícolas. Los agricultores enfrentan dificultades para acceder a sus tierras debido a la inseguridad y al riesgo de violencia. En muchos casos, las tierras de cultivo se convierten en campos de batalla o quedan inutilizables debido a minas terrestres y otros restos explosivos de guerra. Esta situación reduce la producción agrícola y limita la disponibilidad de alimentos, contribuyendo a la escasez en los mercados locales y regionales.

Los conflictos también afectan negativamente a los insumos necesarios para la agricultura. El acceso a semillas, fertilizantes, pesticidas y maquinaria se ve restringido debido a la interrupción de las cadenas de suministro y al aumento de los costos asociados con el transporte y la logística. Además, la infraestructura crítica, como sistemas de riego, almacenes y caminos rurales, a menudo es destruida o queda en mal estado debido a la violencia. Estas limitaciones agravan la situación de los agricultores, que se ven forzados a reducir sus actividades o abandonar completamente la producción agrícola.

Otro impacto significativo de los conflictos en los sectores de la agricultura y la alimentación es la pérdida de capital humano. Los conflictos suelen provocar desplazamientos masivos de poblaciones, obligando a las comunidades rurales a abandonar sus tierras y migrar a zonas más seguras. Esta migración reduce la disponibilidad de mano de obra en las zonas afectadas, lo que dificulta las actividades agrícolas y disminuye la productividad. Además, la falta de acceso a servicios básicos como educación y salud afecta negativamente a la capacidad de las comunidades rurales para recuperar sus medios de subsistencia una vez que el conflicto ha terminado.

El aumento de los precios de los alimentos es otro de los efectos más visibles de los conflictos en los sectores de la agricultura y la alimentación. La combinación de una menor producción, mayores costos de transporte y la interrupción de las cadenas de suministro conduce a un aumento significativo de los precios en los mercados locales e internacionales. Este aumento de precios afecta desproporcionadamente a las poblaciones más vulnerables, que gastan una mayor proporción de sus ingresos en alimentos. Como resultado, la inseguridad alimentaria se agrava, y millones de personas enfrentan el riesgo de hambre y malnutrición.

Los conflictos también tienen un impacto indirecto en los mercados de alimentos a nivel global. Las economías dependientes de las exportaciones agrícolas enfrentan pérdidas significativas cuando los conflictos interrumpen su capacidad para acceder a los mercados internacionales. Por ejemplo, países que dependen de la exportación de productos básicos como trigo, arroz o maíz experimentan caídas en sus ingresos debido a la imposibilidad de transportar sus productos a los mercados globales. Esto también afecta a los países importadores, que enfrentan escasez de productos y aumentos en los precios debido a la reducción de la oferta.

La inseguridad alimentaria resultante de los conflictos también puede desencadenar efectos en cadena que afectan a la estabilidad económica y política de las regiones afectadas. El aumento de los precios de los alimentos y la escasez de productos pueden generar tensiones sociales y protestas, exacerbando la inestabilidad y dificultando la resolución de los conflictos. Además, la inseguridad alimentaria puede tener efectos a largo plazo en el desarrollo humano, ya que la malnutrición afecta negativamente a la salud, la educación y la productividad de las poblaciones afectadas.

Un ejemplo reciente del impacto de los conflictos en los sectores de la agricultura y la alimentación es la guerra en Ucrania, que ha alterado significativamente los mercados globales de granos y energía. Ucrania y Rusia son dos de los principales exportadores mundiales de trigo, maíz y aceite de girasol. La guerra ha interrumpido las exportaciones desde estas regiones, lo que ha provocado un aumento de los precios en los mercados internacionales y ha puesto en peligro la seguridad alimentaria en países dependientes de estas importaciones. Además, el aumento de los precios de la energía asociado al conflicto ha incrementado los costos de producción y transporte de alimentos, exacerbando aún más la situación.

La dependencia de los sistemas agrícolas modernos de los combustibles fósiles también amplifica el impacto de los conflictos en los sectores de la agricultura y la alimentación. Los altos precios del petróleo y el gas natural durante los conflictos afectan negativamente la producción de fertilizantes, que son esenciales para mantener altos rendimientos agrícolas. La escasez y el aumento de los precios de los fertilizantes reducen la productividad agrícola y contribuyen al aumento de los precios de los alimentos.

Para mitigar el impacto de los conflictos en los sectores de la agricultura y la alimentación, es fundamental fortalecer la resiliencia de los sistemas alimentarios. Esto incluye inversiones en infraestructura agrícola, desarrollo de tecnologías sostenibles y diversificación de las fuentes de suministro. Además, la cooperación internacional y la asistencia humanitaria desempeñan un papel crucial en la reducción de la inseguridad alimentaria y el apoyo a las comunidades afectadas por los conflictos.

En este contexto, los organismos internacionales y las organizaciones no gubernamentales desempeñan un papel fundamental en la respuesta a las crisis alimentarias causadas por los conflictos. Estas instituciones proporcionan asistencia técnica y financiera para apoyar la recuperación de los sectores agrícolas, promover la seguridad alimentaria y mejorar la resiliencia de las comunidades rurales. Sin embargo, estas iniciativas a menudo enfrentan desafíos relacionados con la falta de recursos, la inseguridad y las barreras políticas en las regiones afectadas por los conflictos.

Tienen un impacto devastador en los sectores de la agricultura y la alimentación, exacerbando la inseguridad alimentaria y afectando negativamente a la economía global. Abordar estos desafíos requiere un enfoque integral que combine inversiones en infraestructura, desarrollo tecnológico, cooperación internacional y asistencia humanitaria para garantizar la seguridad alimentaria y apoyar el desarrollo económico sostenible en las regiones afectadas por los conflictos.

Tecnología y telecomunicaciones: ciberseguridad y protección de datos

A medida que las sociedades se digitalizan y las interdependencias tecnológicas se profundizan, los riesgos asociados a ciberataques y brechas de seguridad también crecen, transformando estos temas en pilares fundamentales tanto para los gobiernos como para el sector privado.

El auge de la ciberseguridad como prioridad estratégica está directamente relacionado con la creciente dependencia de los sistemas digitales en todos los ámbitos de la vida. Infraestructuras clave, como las redes eléctricas, los sistemas financieros, las telecomunicaciones y las cadenas de suministro, están interconectadas y gestionadas mediante plataformas digitales. Esta interconexión, aunque mejora la eficiencia y la velocidad de las operaciones, también las hace vulnerables a ciberataques que pueden tener consecuencias devastadoras. Un ataque exitoso puede paralizar servicios esenciales, generar pérdidas económicas significativas y desestabilizar la confianza del público en las instituciones.

Los conflictos contemporáneos han demostrado que el ciberespacio es un nuevo campo de batalla, donde las naciones, grupos terroristas y actores individuales libran guerras digitales. Los ciberataques dirigidos a infraestructuras críticas se han convertido en una herramienta habitual de guerra, diseñada para interrumpir las operaciones de los adversarios, recopilar información estratégica o infligir daños económicos. Por ejemplo, los ataques a sistemas eléctricos o bancos centrales pueden generar caos, provocar pérdidas millonarias y socavar la estabilidad de una nación sin necesidad de recurrir a acciones militares convencionales.

Un ejemplo destacado de esto fue el ciberataque conocido como NotPetya, ocurrido en 2017, que afectó a múltiples países y sectores económicos. Este ataque, atribuido a un estado-nación, paralizó operaciones en empresas globales, causando pérdidas estimadas en miles de millones de dólares. No solo expuso la vulnerabilidad de las corporaciones frente a amenazas cibernéticas, sino que también subrayó la necesidad de fortalecer los sistemas de ciberseguridad a nivel global.

La protección de datos, estrechamente vinculada a la ciberseguridad, también se ha convertido en una preocupación primordial. En un mundo donde los datos son considerados el nuevo petróleo, su protección adquiere una importancia crítica. Los datos personales, financieros y corporativos se recopilan, almacenan y procesan a gran escala, y su explotación indebida puede tener repercusiones graves. Las brechas de datos, que implican la exposición de información sensible, no solo generan pérdidas financieras, sino que también erosionan la confianza en las empresas y las instituciones gubernamentales.
El Reglamento General de Protección de Datos (GDPR) de la Unión Europea es un ejemplo de cómo las legislaciones buscan abordar estos desafíos. Este marco regula el manejo de datos personales y establece sanciones severas para las entidades que no cumplan con los estándares requeridos. Aunque su implementación ha sido un paso

importante, también ha puesto de manifiesto las dificultades que enfrentan las empresas para equilibrar el cumplimiento normativo con la innovación tecnológica.

En el ámbito de la ciberseguridad, los gobiernos están invirtiendo masivamente en el desarrollo de capacidades para prevenir, detectar y responder a las amenazas cibernéticas. Estas inversiones incluyen la creación de centros de operaciones de seguridad (SOC), el despliegue de sistemas avanzados de detección de intrusiones y el entrenamiento de equipos especializados. Además, la colaboración entre el sector público y privado es fundamental para fortalecer la defensa cibernética. Las alianzas estratégicas permiten compartir información sobre amenazas, desarrollar soluciones tecnológicas conjuntas y establecer protocolos de respuesta rápida en caso de incidentes.

Sin embargo, a pesar de estos esfuerzos, las amenazas continúan evolucionando a un ritmo acelerado. Los atacantes utilizan técnicas cada vez más sofisticadas, como el uso de inteligencia artificial (IA) para automatizar ataques y el desarrollo de malware avanzado que puede evadir los sistemas de detección tradicionales. Esto obliga a las organizaciones a mantenerse constantemente actualizadas y a adoptar un enfoque proactivo en lugar de reactivo. Tecnologías emergentes como el aprendizaje automático y la blockchain están siendo exploradas como posibles soluciones para reforzar la ciberseguridad, aunque su adopción también plantea nuevos desafíos y riesgos.

La educación y la concienciación también desempeñan un papel crucial en la protección contra amenazas cibernéticas. Los empleados son a menudo el eslabón más débil en la cadena de seguridad, y los atacantes explotan esto mediante técnicas de ingeniería social, como el phishing. Programas de capacitación en ciberseguridad, simulaciones de ataques y políticas claras sobre el uso de la tecnología pueden reducir significativamente el riesgo de incidentes.

En el contexto global, la ciberseguridad también está vinculada a la diplomacia y las relaciones internacionales. Los estados están estableciendo normas y acuerdos internacionales para regular el comportamiento en el ciberespacio y prevenir el uso malintencionado de la tecnología. Sin embargo, las diferencias en las prioridades y capacidades entre países dificultan la implementación de un marco global unificado. Además, la atribución de ciberataques sigue siendo un desafío importante, ya que los atacantes a menudo operan desde jurisdicciones que dificultan su identificación y enjuiciamiento.

Otro aspecto crucial es la protección de infraestructuras críticas, como los sistemas de salud, transporte y energía, que son especialmente vulnerables a los ciberataques. Estos sectores son objetivos atractivos debido a su impacto directo en la sociedad y la economía. Por ejemplo, un ataque a un sistema hospitalario puede poner en peligro la vida de los pacientes, mientras que un ataque a una red eléctrica puede causar apagones masivos y pérdidas económicas significativas. La implementación de sistemas redundantes, la segmentación de redes y el monitoreo continuo son estrategias esenciales para proteger estas infraestructuras.

El crecimiento del Internet de las cosas (IoT) también ha ampliado la superficie de ataque, ya que miles de dispositivos conectados carecen de medidas de seguridad adecuadas. Desde cámaras de seguridad hasta electrodomésticos inteligentes, estos dispositivos pueden ser explotados para lanzar ataques masivos, como el ocurrido con el botnet Mirai en 2016. Este incidente demostró cómo dispositivos aparentemente inofensivos pueden ser utilizados para interrumpir servicios esenciales y causar estragos en la red.

Infraestructura: destrucción y necesidad de reconstrucción

Las infraestructuras constituyen la columna vertebral de las sociedades modernas. Desde carreteras, puentes y aeropuertos hasta redes de agua, energía y telecomunicaciones, estas estructuras permiten el funcionamiento continuo de las economías, garantizan la movilidad de las personas y bienes, y facilitan el acceso a servicios esenciales. Sin embargo, en contextos de conflicto armado, las infraestructuras suelen convertirse en objetivos estratégicos, tanto para desestabilizar al enemigo como para obtener ventajas tácticas. La destrucción de infraestructuras no solo genera un impacto inmediato en las comunidades afectadas, sino que también impone costos significativos a largo plazo debido a la necesidad de reconstruirlas, restablecer los servicios y reparar las economías locales y nacionales.

La destrucción de infraestructuras es una estrategia común en conflictos armados, ya que interrumpir las vías de transporte, las comunicaciones y el suministro de energía puede debilitar considerablemente la capacidad operativa de un adversario. Los ataques a carreteras, puentes y ferrocarriles dificultan el movimiento de tropas y suministros, mientras que los daños a redes eléctricas y plantas de agua afectan directamente a la población civil, minando su moral y resistencia. Estos ataques no solo tienen un efecto inmediato, sino que también generan consecuencias a largo plazo, como la paralización de actividades económicas y la pérdida de confianza en las instituciones gubernamentales.

Un ejemplo reciente de los devastadores efectos de la destrucción de infraestructuras se puede observar en los conflictos en Siria y Ucrania. En Siria, años de bombardeos han reducido ciudades enteras a escombros, destruyendo viviendas, hospitales, escuelas y sistemas de transporte. Esto no solo ha desplazado a millones de personas, sino que también ha dejado una economía devastada, con costos de reconstrucción estimados en cientos de miles de millones de dólares. En Ucrania, los ataques a plantas de energía, ferrocarriles y otros elementos críticos han tenido un impacto directo en la capacidad del país para mantener su actividad económica y satisfacer las necesidades de su población.

La destrucción de infraestructuras también tiene implicaciones significativas para el comercio internacional y las cadenas de suministro. Los puertos, aeropuertos y carreteras son elementos clave para la exportación e importación de bienes, y su interrupción puede generar escasez de productos, aumentar los costos y ralentizar el crecimiento económico. Los ataques a puertos y terminales de carga, por ejemplo, pueden afectar el suministro de alimentos, energía y materias primas a nivel global, exacerbando las crisis económicas en países dependientes de las importaciones.

En el ámbito urbano, la destrucción de infraestructuras tiene un impacto particularmente severo. Las ciudades suelen ser el epicentro de las actividades económicas y sociales, y los ataques a sus infraestructuras críticas, como sistemas de transporte público, redes eléctricas y servicios de agua y alcantarillado, generan caos y descontento social. Además, la reconstrucción de estas infraestructuras requiere una inversión significativa de recursos financieros y humanos, que a menudo supera la capacidad de las economías locales y nacionales.

La reconstrucción de infraestructuras después de un conflicto es un proceso largo y costoso que implica numerosos desafíos. Uno de los principales obstáculos es la falta de financiación. Los países afectados por conflictos suelen enfrentar altos niveles de deuda y una economía debilitada, lo que limita su capacidad para invertir en la reconstrucción. Además, la inestabilidad política y la corrupción pueden dificultar la distribución efectiva de los fondos y retrasar los proyectos de reconstrucción.

Otro desafío importante es la recuperación de capacidades técnicas y humanas. Los conflictos a menudo desplazan a ingenieros, arquitectos y otros profesionales clave, dejando una brecha de habilidades que dificulta la planificación y ejecución de proyectos de reconstrucción. Además, la falta de materiales de construcción y equipos especializados puede ralentizar significativamente el proceso.

La colaboración internacional es fundamental para abordar estos desafíos. Organismos como el Banco Mundial, el Fondo Monetario Internacional (FMI) y las Naciones Unidas desempeñan un papel clave en la movilización de recursos financieros y técnicos para la reconstrucción de infraestructuras. Sin embargo, la ayuda internacional a menudo viene con condiciones que pueden complicar su implementación, como requisitos de transparencia, reformas estructurales y el cumplimiento de normativas específicas.

La participación del sector privado también es crucial para la reconstrucción de infraestructuras. Las asociaciones público-privadas (APP) ofrecen una solución viable para financiar y gestionar proyectos de reconstrucción, especialmente en contextos donde los gobiernos carecen de recursos suficientes. Sin embargo, estas asociaciones requieren un marco regulatorio claro y una distribución equitativa de riesgos y beneficios para garantizar su éxito.

En el proceso de reconstrucción, también es esencial considerar la sostenibilidad y la resiliencia de las infraestructuras. Los desastres naturales, el cambio climático y los futuros conflictos plantean riesgos adicionales que deben tenerse en cuenta durante la fase de diseño y construcción. La incorporación de tecnologías avanzadas, como sistemas de energía renovable, materiales de construcción resistentes y soluciones digitales, puede mejorar la durabilidad y eficiencia de las infraestructuras reconstruidas.

Además de los costos económicos directos, la destrucción de infraestructuras también genera impactos sociales y psicológicos significativos. La falta de acceso a servicios esenciales, como electricidad, agua potable y atención médica, afecta directamente la calidad de vida de las personas y puede prolongar el sufrimiento de las comunidades afectadas. Además, la pérdida de infraestructuras culturales y patrimoniales tiene un impacto emocional profundo, ya que estas estructuras a menudo representan la identidad y la historia de las comunidades.

El uso de tecnología y datos también está transformando el enfoque de la reconstrucción de infraestructuras. Las herramientas de modelado digital, como los sistemas de información geográfica (SIG) y los gemelos digitales, permiten planificar y gestionar proyectos de reconstrucción con mayor precisión y eficiencia. Estas tecnologías facilitan la identificación de áreas prioritarias, la optimización de recursos y el monitoreo del progreso en tiempo real.

Por último, la reconstrucción de infraestructuras no solo implica la restauración de estructuras físicas, sino también la revitalización de comunidades y economías locales. Esto requiere un enfoque integral que combine inversión en infraestructura con políticas sociales y económicas destinadas a fomentar el empleo, mejorar la educación y fortalecer las instituciones locales. Solo a través de un enfoque holístico y coordinado se puede garantizar una recuperación sostenible y duradera en las regiones afectadas por conflictos.

Tercera Parte: Costes económicos de una posible guerra mundial

1 - Escenarios financieros en un conflicto global

Simulaciones de impacto económico en los principales bloques geopolíticos

Las simulaciones de impacto económico en los principales bloques geopolíticos representan una herramienta esencial para comprender las posibles consecuencias de un conflicto global o de una serie de tensiones extendidas entre potencias. En un mundo cada vez más interconectado, las interdependencias económicas amplifican los efectos de cualquier alteración significativa en los equilibrios comerciales, financieros o productivos. Estas simulaciones buscan predecir cómo podrían responder las economías de los diferentes bloques geopolíticos, considerando una variedad de escenarios basados en variables clave como la duración del conflicto, la escala de los enfrentamientos, las sanciones económicas y las interrupciones en las cadenas de suministro globales.

En el caso de los principales bloques económicos, como Estados Unidos, la Unión Europea, China y Rusia, las simulaciones a menudo analizan cómo los conflictos afectarían sus sectores estratégicos. Por ejemplo, en un escenario donde los suministros de energía de Rusia se interrumpen debido a sanciones o destrucción de infraestructura, se podría prever un aumento significativo en los precios del gas y el petróleo, afectando especialmente a las economías europeas dependientes de estas importaciones. Este tipo de impacto económico directo también tiene ramificaciones indirectas, como el incremento de los costos de producción en sectores industriales clave y la consiguiente reducción del poder adquisitivo de los consumidores.

Estados Unidos, como una de las economías más diversificadas y con un menor grado de dependencia de las importaciones de energía, podría experimentar un impacto menos severo en términos energéticos. Sin embargo, la exposición de sus empresas multinacionales a mercados globales significaría que las interrupciones en las cadenas de suministro afectarían directamente la producción y distribución de bienes. Las simulaciones también considerarían el impacto en el sector financiero estadounidense, dado su papel central en los mercados internacionales. Una guerra de gran escala podría generar pánicos bursátiles y una fuga masiva de capitales hacia activos considerados seguros, como los bonos del Tesoro de Estados Unidos, fortaleciendo el dólar pero también creando desequilibrios en otros mercados.

En el caso de China, las simulaciones tienden a centrarse en su rol como el mayor exportador del mundo y un actor clave en las cadenas de suministro globales. Una interrupción en la producción china debido a conflictos internos o externos tendría repercusiones significativas en las economías que dependen de sus bienes, desde componentes electrónicos hasta bienes de consumo. Además, la dependencia de China de las importaciones de energía y alimentos también la hace vulnerable a interrupciones en el comercio marítimo, especialmente en rutas críticas como el Estrecho de Malaca. Las simulaciones también considerarían los efectos en su mercado interno, donde el aumento de los precios podría desatar descontento social y poner a prueba la estabilidad política del país.

Rusia, por su parte, enfrenta una situación particularmente compleja en simulaciones de conflicto, ya que su economía depende en gran medida de las exportaciones de energía y materias primas. En un escenario donde se impongan sanciones más estrictas o se interrumpan las exportaciones, Rusia podría experimentar una recesión económica severa, con caídas en su producto interno bruto y una inflación descontrolada. Sin embargo, también se podría prever un aumento de la colaboración económica con otros países fuera de la órbita occidental, como China o India, para compensar la pérdida de acceso a mercados europeos. Este realineamiento económico podría cambiar significativamente el panorama geopolítico.

En cuanto a la Unión Europea, las simulaciones suelen destacar su alta dependencia de las importaciones de energía y su integración económica interna. Un conflicto que interrumpa los suministros de gas ruso, por ejemplo, podría tener un impacto desigual entre los estados miembros, con países como Alemania enfrentando mayores dificultades debido a su dependencia del gas para la industria pesada. Las simulaciones también analizarían cómo las políticas fiscales y monetarias de la Unión Europea responderían a un escenario de crisis, incluyendo la posibilidad de incrementar el gasto público para mitigar los efectos económicos o de imponer controles en los precios de la energía para evitar una crisis social.

Otro aspecto crucial en las simulaciones es el papel de los mercados financieros y las monedas. En un conflicto global, la volatilidad en los mercados podría alcanzar niveles sin precedentes, con caídas masivas en las bolsas de valores y una mayor demanda de activos refugio como el oro y los bonos soberanos de economías desarrolladas. Las monedas de economías emergentes probablemente sufrirían devaluaciones significativas, agravando la inflación y reduciendo la capacidad de estos países para importar bienes esenciales. Por otro lado, los bancos centrales de los principales bloques económicos tendrían que tomar medidas drásticas, como reducciones en las tasas de interés o inyecciones de liquidez, para estabilizar sus economías.

En cuanto a las sanciones económicas, las simulaciones también examinan su efectividad y consecuencias. Las sanciones contra un país pueden debilitar su economía, pero también suelen tener efectos colaterales en los países que las imponen. Por ejemplo, las sanciones a las exportaciones de petróleo ruso podrían provocar un aumento global de los precios del crudo, afectando a los consumidores y empresas en todo el mundo. Asimismo, los países sancionados podrían buscar formas de eludir estas restricciones, como el comercio a través de terceros países o el uso de criptomonedas, lo que complica el análisis de los resultados.

Otro factor importante que las simulaciones deben considerar es el impacto social de los conflictos en las economías. La migración masiva, provocada por la violencia o la falta de oportunidades económicas, puede ejercer una enorme presión sobre los países receptores, especialmente en términos de vivienda, empleo y servicios sociales. Este fenómeno también puede alterar la dinámica laboral en los países de origen, donde la pérdida de mano de obra calificada dificulta la recuperación económica.

Las simulaciones también exploran los efectos a largo plazo de los conflictos en la innovación y el desarrollo tecnológico. Durante los períodos de guerra, los gobiernos suelen aumentar la inversión en investigación y desarrollo militar, lo que puede conducir a avances tecnológicos que eventualmente se transfieren al sector civil. Sin embargo, estos beneficios a menudo se ven contrarrestados por la destrucción de infraestructura, la pérdida de capital humano y la desviación de recursos de sectores productivos hacia actividades militares.

Finalmente, las simulaciones no pueden ignorar el papel de la opinión pública y la estabilidad política en la respuesta económica de los bloques geopolíticos. La percepción de una guerra prolongada o costosa puede generar descontento social, presionando a los gobiernos para que busquen resoluciones diplomáticas o reduzcan su participación en el conflicto. Esta presión también influye en las políticas económicas, ya que los líderes deben equilibrar las demandas de seguridad nacional con las necesidades de sus economías y poblaciones.

Repercusiones en el sistema financiero global

El sistema financiero global constituye una red interconectada de instituciones, mercados y flujos de capital que opera más allá de las fronteras nacionales. Esta estructura, diseñada inicialmente para facilitar el comercio internacional, la inversión y el crecimiento económico, es extremadamente sensible a los choques generados por conflictos bélicos. Las guerras no solo afectan a las economías locales o regionales, sino que tienen un impacto profundo y a menudo devastador en la estabilidad financiera global, que se manifiesta en múltiples dimensiones.

En primer lugar, los conflictos bélicos suelen generar una percepción de riesgo elevado en los mercados financieros. Los inversores, al detectar tensiones geopolíticas, tienden a buscar activos seguros, lo que comúnmente se traduce en un aumento en la demanda de instrumentos como bonos del Tesoro estadounidense, oro y otras reservas de valor percibidas como menos volátiles. Este movimiento puede provocar una fuga masiva de capitales desde mercados emergentes hacia economías desarrolladas, acentuando desequilibrios financieros en los países más vulnerables. Además, este fenómeno de aversión al riesgo incrementa la volatilidad en los mercados bursátiles y de divisas, generando pérdidas sustanciales para los inversores y reduciendo la liquidez global disponible.

Otro aspecto clave es el impacto en las tasas de interés globales. Los gobiernos involucrados en conflictos tienden a financiar sus esfuerzos bélicos mediante la emisión de deuda pública. Esta mayor demanda de financiación puede presionar al alza las tasas de interés, especialmente en las economías más afectadas por la guerra. Aunque estas tasas suelen ser inicialmente locales, el aumento en el costo del crédito puede extenderse a nivel internacional si los países implicados tienen un peso significativo en los mercados globales de capital. Este incremento en las tasas de interés afecta directamente la capacidad de empresas y hogares para financiar proyectos e inversiones, ralentizando el crecimiento económico y exacerbando la incertidumbre.

En términos de comercio internacional, las guerras suelen interrumpir las cadenas de suministro globales, afectando no solo la disponibilidad de bienes esenciales, sino también la estabilidad de los precios. Estas interrupciones generan inflación importada, lo que obliga a los bancos centrales a adoptar políticas monetarias restrictivas. Este enfoque puede ser contraproducente, ya que las subidas en las tasas de interés para controlar la inflación a menudo enfrían las economías, aumentando el desempleo y debilitando aún más la confianza del consumidor y la inversión empresarial. Además, los países dependientes de importaciones críticas, como alimentos o energía, enfrentan costos financieros exorbitantes que agotan sus reservas internacionales y complican sus balanzas de pagos.

El sistema financiero global también se ve afectado por las sanciones económicas impuestas en el contexto de conflictos. Estas medidas, diseñadas para ejercer presión sobre los estados agresores, tienen repercusiones colaterales en las economías de los países sancionadores y en las instituciones financieras internacionales. Por ejemplo, la exclusión de ciertas naciones de los sistemas de pago globales, como SWIFT, no solo interrumpe el comercio y las transacciones financieras internacionales, sino que también obliga a los países afectados a desarrollar sistemas paralelos, fragmentando aún más el panorama financiero global. Esta fragmentación puede reducir la eficiencia del sistema, aumentar los costos de transacción y complicar la cooperación internacional en materia de regulación financiera.

Otro efecto significativo es la presión sobre los sistemas bancarios de los países involucrados en conflictos. Durante las guerras, los bancos enfrentan un aumento en la morosidad debido a que las empresas y los hogares luchan por cumplir con sus obligaciones financieras en medio de la disrupción económica. La falta de confianza en los bancos locales puede llevar a una corrida bancaria, exacerbando aún más la crisis financiera interna y generando un efecto dominó en el sistema financiero regional e incluso global. Además, los bancos internacionales con exposición en las áreas de conflicto pueden enfrentar pérdidas significativas, reduciendo su capital disponible y limitando su capacidad para otorgar créditos en otros mercados.

El sector de seguros también se ve profundamente afectado por los conflictos bélicos. Las aseguradoras enfrentan un aumento en los reclamos relacionados con la destrucción de activos físicos, interrupción de negocios y riesgos políticos. Este aumento en las pérdidas aseguradas eleva las primas, dificultando aún más el acceso a seguros para las empresas y las personas en zonas de conflicto. A nivel global, las aseguradoras pueden verse obligadas a reestructurar sus carteras de riesgos, lo que impacta en los precios y la disponibilidad de seguros en otros mercados no directamente afectados por la guerra. Las divisas y los mercados cambiarios son otra área en la que las repercusiones financieras de las guerras se manifiestan con fuerza. Durante los conflictos, las monedas de los países involucrados tienden a depreciarse rápidamente debido a la fuga de capitales, la incertidumbre económica y la interrupción de las exportaciones. Esta depreciación puede generar presiones inflacionarias adicionales y reducir el poder adquisitivo de las economías locales. A nivel global, estas fluctuaciones cambian las dinámicas comerciales y afectan los tipos de cambio, lo que a su vez influye en las decisiones de política monetaria de otros países.

El financiamiento de la reconstrucción posterior a un conflicto también tiene implicaciones significativas para el sistema financiero global. Los costos asociados con la reconstrucción de infraestructuras, viviendas y economías enteras suelen ser astronómicos, y los países afectados a menudo necesitan recurrir a instituciones financieras internacionales, como el Fondo Monetario Internacional o el Banco Mundial, para obtener asistencia. Estos préstamos aumentan la carga de deuda de los países receptores y pueden desviar recursos financieros de otras áreas críticas de desarrollo global.

Por último, la innovación tecnológica impulsada por las guerras tiene efectos duales en el sistema financiero global. Por un lado, el desarrollo de tecnologías avanzadas, como la inteligencia artificial y la ciberseguridad, crea nuevas oportunidades de inversión y crecimiento. Por otro lado, la militarización de estas tecnologías y su uso en conflictos generan riesgos adicionales para las infraestructuras críticas del sistema financiero, como los ataques cibernéticos a bancos centrales, mercados de valores y sistemas de pago. Estos riesgos emergentes obligan a las instituciones financieras a invertir significativamente en medidas de protección, aumentando los costos operativos y afectando la rentabilidad.

2 - Costes de movilización masiva de recursos

Redirección de presupuestos nacionales hacia gastos bélicos

Este cambio en las prioridades presupuestarias, motivado por la necesidad de financiar operaciones militares, adquirir armamento, mantener tropas y asegurar la logística de la guerra, impacta no solo en el ámbito local, sino también en la dinámica económica global. Comprender estas dinámicas implica analizar cómo las naciones reasignan recursos que podrían haberse utilizado para fines civiles hacia objetivos militares, y las consecuencias económicas de estas decisiones.

Cuando un país enfrenta un conflicto bélico, una de las primeras medidas adoptadas es la reasignación de recursos del presupuesto nacional hacia la defensa. Esto suele manifestarse en incrementos significativos en los gastos militares, que abarcan desde la compra de armamento hasta el sostenimiento de tropas y el fortalecimiento de infraestructuras relacionadas con la guerra. Para financiar estos incrementos, los gobiernos suelen recurrir a diversas estrategias, incluyendo el aumento de impuestos, la emisión de deuda pública y, en algunos casos, la impresión de dinero. Estas decisiones generan efectos en cadena en la economía, afectando el consumo, la inversión y el crecimiento económico en general.

Uno de los aspectos más evidentes de esta redirección es el impacto en las áreas de inversión pública no militar. Los recursos que anteriormente se destinaban a educación, salud, infraestructura civil y programas sociales son redirigidos hacia objetivos bélicos. Esto genera un déficit en sectores fundamentales para el desarrollo económico y social de las naciones, especialmente en países en desarrollo, donde los presupuestos ya son limitados. La reducción en la inversión en áreas clave puede tener efectos de largo plazo, como el deterioro de la calidad de vida, el incremento de la desigualdad y la pérdida de competitividad económica.

Además, los incrementos en el gasto militar a menudo conllevan ajustes fiscales. En muchos casos, los gobiernos optan por aumentar los impuestos para financiar el esfuerzo bélico, lo que puede desalentar el consumo y la inversión privada. Este efecto es especialmente pronunciado en economías dependientes del sector privado, donde el aumento de la carga fiscal reduce la capacidad de las empresas para expandirse y genera una menor demanda agregada. Por otro lado, en los casos donde los impuestos no se incrementan, los gobiernos suelen recurrir al endeudamiento público, lo que incrementa la carga de la deuda nacional y genera tensiones en los mercados financieros.

El financiamiento de los gastos bélicos también puede conducir a una mayor inflación. En situaciones donde la emisión de deuda o la impresión de dinero se utilizan como mecanismos para cubrir los costos de la guerra, el aumento en la oferta monetaria genera presiones inflacionarias. Esta inflación afecta de manera desproporcionada a los sectores más vulnerables de la población, que enfrentan mayores dificultades para acceder a bienes y servicios esenciales. Además, la inflación puede erosionar el poder adquisitivo de los salarios, lo que genera tensiones sociales y políticas que complican aún más la situación económica del país.

En el ámbito internacional, la redirección de presupuestos hacia gastos bélicos también genera implicaciones significativas. Los países que dependen de importaciones clave, como alimentos, energía y tecnología, pueden enfrentar mayores dificultades para financiar estas importaciones si una parte sustancial de sus recursos se destina a la guerra. Esto no solo genera desequilibrios en las balanzas comerciales, sino que también afecta las relaciones diplomáticas y comerciales con otros países. Además, las naciones en conflicto pueden enfrentar sanciones económicas que agravan aún más su situación financiera, limitando su acceso a mercados internacionales y dificultando su capacidad para obtener financiamiento externo.

Un aspecto crucial a considerar es el impacto en la inversión extranjera directa (IED). Los conflictos bélicos y el aumento de los gastos militares generan incertidumbre económica y política, lo que desalienta a los inversores extranjeros. La pérdida de IED afecta negativamente el crecimiento económico, especialmente en sectores estratégicos que dependen de capital externo. Además, la percepción de riesgo asociada con la guerra puede generar salidas de capital, exacerbando la volatilidad financiera y debilitando las monedas locales.

Desde una perspectiva histórica, los grandes conflictos del siglo XX, como la Primera y Segunda Guerra Mundial, ofrecen ejemplos claros de cómo los presupuestos nacionales se redirigieron hacia gastos bélicos y las consecuencias económicas que ello generó. Durante la Segunda Guerra Mundial, por ejemplo, países como Estados Unidos, Alemania y el Reino Unido incrementaron significativamente sus gastos militares, lo que implicó una reducción drástica en la inversión en sectores civiles. En el caso de Estados Unidos, la movilización industrial hacia la producción de armamento y equipos militares transformó la economía del país, pero también generó tensiones inflacionarias y cambios en la estructura laboral.

En las últimas décadas, conflictos como la Guerra de Irak y Afganistán han demostrado cómo los altos costos de las operaciones militares pueden generar déficits presupuestarios significativos. En el caso de Estados Unidos, estos conflictos requirieron trillones de dólares en financiamiento, lo que generó un aumento en la deuda pública y tensiones fiscales que persisten hasta la actualidad. Además, el desvío de recursos hacia el sector militar limitó la capacidad de invertir en infraestructura, educación y otros sectores críticos para el desarrollo económico.

En el contexto actual, las tensiones geopolíticas en regiones como Europa del Este, Medio Oriente y Asia Oriental han llevado a un aumento en los presupuestos de defensa en muchos países. Este fenómeno se observa tanto en economías avanzadas como en países en desarrollo, donde las naciones buscan fortalecer sus capacidades militares en respuesta a amenazas percibidas. Sin embargo, este aumento en el gasto militar plantea preguntas sobre la sostenibilidad fiscal y las implicaciones económicas a largo plazo.

Un caso reciente es el conflicto en Ucrania, que ha llevado a países europeos a incrementar sus presupuestos de defensa de manera significativa. Alemania, por ejemplo, anunció un aumento histórico en su gasto militar, redirigiendo recursos hacia la modernización de su ejército y la adquisición de armamento avanzado. Este cambio en las prioridades presupuestarias tiene implicaciones no solo para la economía alemana, sino también para la Unión Europea en su conjunto, ya que genera tensiones entre las necesidades de defensa y los objetivos de desarrollo sostenible.

La industria de defensa y las empresas relacionadas también desempeñan un papel central en esta dinámica. El aumento en el gasto militar genera oportunidades para las empresas dedicadas a la producción de armamento, tecnología militar y logística. Sin embargo, esta expansión del sector de defensa a menudo se produce a expensas de otros sectores económicos, lo que puede generar desequilibrios estructurales en la economía. Además, la dependencia de las economías nacionales en las exportaciones de armamento puede generar riesgos geopolíticos y éticos, especialmente en casos donde las armas exportadas terminan en manos de actores no estatales o en conflictos prolongados.

Otro aspecto importante es el impacto en la innovación tecnológica. Los aumentos en los presupuestos militares a menudo se acompañan de inversiones en investigación y desarrollo (I+D) para crear tecnologías avanzadas. Aunque estas inversiones generan avances significativos en áreas como la inteligencia artificial, la ciberseguridad y los sistemas autónomos, también plantean preguntas sobre el uso dual de estas tecnologías y su impacto en la seguridad global. Además, la concentración de recursos en I+D militar puede limitar las inversiones en innovación en sectores civiles, afectando el desarrollo tecnológico en áreas como la salud, la energía y la educación.

En resumen, la redirección de presupuestos nacionales hacia gastos bélicos representa una dinámica compleja con implicaciones económicas profundas. Desde la reducción de la inversión en sectores civiles hasta el aumento de la deuda pública, los efectos de esta reasignación de recursos se extienden a lo largo de múltiples dimensiones, afectando tanto a las economías locales como a la estabilidad financiera global.

Pérdida de productividad en sectores clave

Impacta profundamente en la estructura económica de los países afectados, así como en sus capacidades de recuperación económica a largo plazo. La dinámica de esta pérdida de productividad no solo se limita a los sectores directamente relacionados con la economía de guerra, sino que se extiende a industrias críticas para el desarrollo sostenible, exacerbando las desigualdades sociales y económicas.

En tiempos de conflicto, una de las primeras áreas afectadas es la fuerza laboral. En muchos casos, una proporción significativa de la población activa se moviliza para cumplir con los requerimientos militares, ya sea directamente en el campo de batalla o en actividades relacionadas con la producción de bienes y servicios para apoyar el esfuerzo bélico. Esta movilización genera un vacío en otros sectores económicos que dependen de mano de obra cualificada, como la agricultura, la manufactura y los servicios. Por ejemplo, durante la Segunda Guerra Mundial, países como Alemania y el Reino Unido enfrentaron desafíos significativos para mantener la productividad en sectores clave debido a la conscripción masiva de trabajadores jóvenes.

Además, la destrucción de infraestructura esencial es otro factor que contribuye a la pérdida de productividad. Los conflictos armados suelen dañar o destruir instalaciones críticas como fábricas, plantas de energía, redes de transporte y centros de comunicación. Esta destrucción no solo interrumpe las operaciones diarias de las empresas, sino que también incrementa los costos de producción y distribución, afectando la competitividad de los productos en el mercado tanto nacional como internacional. En el caso de Siria, la guerra civil provocó la devastación de gran parte de la infraestructura industrial, lo que llevó a una caída drástica en la producción de bienes y servicios, así como a un colapso de las exportaciones.

El impacto de los conflictos en las cadenas de suministro es igualmente significativo. Los sectores clave que dependen de insumos importados enfrentan mayores costos y retrasos debido a la interrupción de rutas comerciales y a las restricciones impuestas por las sanciones económicas. Esto se traduce en una menor capacidad para producir bienes y servicios de manera eficiente, lo que a su vez afecta los ingresos de las empresas y limita las oportunidades de inversión. Un ejemplo reciente de esta dinámica se observa en los sectores energéticos y tecnológicos de Ucrania, donde el conflicto con Rusia ha generado desafíos logísticos y financieros significativos.

Los efectos en el sector agrícola merecen especial atención, dado que la agricultura es una fuente crucial de sustento y empleo en muchas economías en desarrollo. Los conflictos bélicos no solo destruyen tierras cultivables, sino que también interrumpen las actividades de siembra, cosecha y distribución. La inseguridad generalizada y la falta de acceso a insumos agrícolas como semillas, fertilizantes y maquinaria reducen drásticamente los rendimientos de los cultivos. Esto, a su vez, provoca aumentos en los precios de los alimentos y agrava las crisis humanitarias. En regiones como África subsahariana, los conflictos armados han llevado a una disminución significativa en la productividad agrícola, exacerbando la inseguridad alimentaria y la pobreza.

Otro sector clave que experimenta una disminución en su productividad durante los conflictos es el de la manufactura. Las industrias manufactureras, que suelen ser motores de crecimiento económico en muchas economías emergentes, enfrentan interrupciones significativas en su capacidad operativa. La escasez de insumos, la pérdida de mercados y la falta de acceso a financiamiento son algunos de los factores que contribuyen a esta situación. En el caso de Irak, la guerra y la ocupación generaron una contracción drástica en el sector manufacturero, lo que limitó la capacidad del país para diversificar su economía y reducir su dependencia del petróleo.

El sector servicios, que incluye actividades como el turismo, la educación y la salud, también se ve gravemente afectado por los conflictos armados. En particular, el turismo es uno de los sectores más vulnerables, ya que depende en gran medida de la percepción de seguridad y estabilidad en una región. Países como Afganistán y Yemen, que alguna vez tuvieron un potencial significativo para el desarrollo turístico, han visto cómo este sector se desplomó debido a la inseguridad y la destrucción de su patrimonio cultural. Por otro lado, la interrupción de los servicios de educación y salud tiene efectos de largo plazo en la productividad de la población, ya que limita el desarrollo de capital humano y reduce la esperanza de vida saludable.

La pérdida de productividad también tiene implicaciones significativas para las pequeñas y medianas empresas (PYMES), que son pilares fundamentales de muchas economías locales. Estas empresas a menudo carecen de los recursos financieros y logísticos necesarios para adaptarse a las condiciones adversas impuestas por los conflictos. La pérdida de acceso a mercados, la destrucción de activos y la falta de crédito agravan su vulnerabilidad, lo que lleva al cierre de negocios y a la pérdida de empleos. En el caso de Colombia, décadas de conflicto armado afectaron gravemente a las PYMES en zonas rurales, limitando su capacidad para contribuir al desarrollo económico local.
En el ámbito energético, los conflictos armados generan interrupciones significativas en la producción y distribución de energía, lo que afecta directamente la productividad de otros sectores económicos. La destrucción de infraestructuras como refinerías, oleoductos y redes eléctricas incrementa los costos de la energía y limita su disponibilidad, lo que a su vez afecta la capacidad de las empresas para operar de manera eficiente. En Libia, por ejemplo, los conflictos internos han reducido drásticamente la producción de petróleo, lo que no solo afecta los ingresos del gobierno, sino que también genera incertidumbre en los mercados energéticos globales.

Un aspecto menos discutido, pero igualmente importante, es el impacto psicológico y social de los conflictos en la fuerza laboral. La exposición a la violencia, la inseguridad y la pérdida de seres queridos afecta la salud mental de los trabajadores, lo que reduce su productividad y aumenta el ausentismo. Además, la migración forzada de millones de personas debido a los conflictos genera una pérdida de capital humano en los países afectados, mientras que los países receptores enfrentan desafíos para integrar a estos migrantes en sus economías.

Desde una perspectiva macroeconómica, la pérdida de productividad en sectores clave genera un efecto dominó que afecta el crecimiento económico, los ingresos fiscales y la estabilidad financiera. La reducción en la producción y el consumo limita la capacidad de los gobiernos para recaudar impuestos, lo que a su vez afecta su capacidad para financiar servicios públicos y pagar deuda. Además, la incertidumbre generada por los conflictos desincentiva la inversión extranjera directa y exacerba la volatilidad en los mercados financieros, lo que complica aún más la situación económica.

3 - Impacto en el comercio internacional

Colapso de acuerdos comerciales y tratados internacionales

Esto representa uno de los efectos más profundos y transformadores que los conflictos armados y las tensiones geopolíticas pueden ejercer sobre la economía global. Los acuerdos comerciales y los tratados internacionales son fundamentales para garantizar la estabilidad y el flujo ordenado de bienes, servicios y capital entre las naciones. Sin embargo, en el contexto de guerras, sanciones económicas o cambios abruptos en la política internacional, estas estructuras se ven profundamente amenazadas, con consecuencias de largo alcance para todas las partes involucradas.

Un tratado internacional, ya sea bilateral o multilateral, tiene como objetivo principal establecer reglas claras y predecibles para las relaciones comerciales y económicas entre los estados. Estos tratados suelen abordar temas como la reducción de aranceles, la protección de inversiones extranjeras, el acceso a mercados y la resolución de disputas comerciales. Cuando un conflicto armado o una crisis diplomática pone fin a estos acuerdos, las implicaciones económicas son inmediatas y generalizadas. Por ejemplo, el colapso del Acuerdo General sobre Aranceles Aduaneros y Comercio (GATT) en determinadas circunstancias históricas habría significado la disolución de décadas de progreso en la liberalización del comercio global.

Una de las primeras consecuencias del colapso de un acuerdo comercial es el aumento de las barreras comerciales, ya sea a través de aranceles más altos, cuotas restrictivas o controles de exportación. Estas medidas proteccionistas son implementadas con frecuencia por los estados en conflicto como una forma de ejercer presión económica sobre sus adversarios o de proteger sus propias economías de la inestabilidad externa. Sin embargo, estas acciones suelen desencadenar represalias, creando un ciclo de restricciones que perjudica a ambas partes. Por ejemplo, la guerra comercial entre Estados Unidos y China en los últimos años ilustra cómo las tensiones geopolíticas pueden llevar a la imposición de aranceles y sanciones, lo que genera un impacto negativo en los flujos comerciales y en el crecimiento económico global.

Además, el colapso de los acuerdos comerciales afecta de manera desproporcionada a las economías más pequeñas y dependientes del comercio. Estas economías suelen carecer de los recursos financieros y diplomáticos necesarios para mitigar los efectos de la pérdida de acceso a mercados clave. En muchos casos, el colapso de un tratado comercial puede llevar al colapso económico de sectores enteros. Por ejemplo, los países exportadores de productos agrícolas o materias primas, que dependen de acuerdos comerciales para garantizar el acceso a mercados internacionales, enfrentan caídas significativas en los precios de exportación y en sus ingresos nacionales.

Otro impacto significativo del colapso de los acuerdos comerciales es la incertidumbre que genera en los mercados financieros y en las decisiones de inversión. Los inversionistas internacionales valoran la estabilidad y previsibilidad que proporcionan los tratados internacionales, ya que estos acuerdos establecen marcos legales para la protección de sus inversiones. Cuando un tratado colapsa, las empresas y los inversionistas enfrentan mayores riesgos legales, políticos y económicos, lo que lleva a una disminución de la inversión extranjera directa y al retiro de capital de las economías más afectadas. En este contexto, las economías emergentes son particularmente vulnerables, ya que dependen en gran medida de los flujos de capital extranjero para financiar su desarrollo económico.

Los tratados internacionales también desempeñan un papel crucial en la regulación del comercio de bienes esenciales, como alimentos, medicamentos y energía. El colapso de estos acuerdos puede interrumpir gravemente el suministro de estos bienes, exacerbando las crisis humanitarias y creando inestabilidad económica y social. Por ejemplo, en situaciones de conflicto armado, los países afectados pueden enfrentar bloqueos o sanciones que limitan su capacidad para importar alimentos y medicinas, lo que agrava las condiciones de vida de la población y dificulta los esfuerzos de recuperación económica. En este sentido, el colapso de acuerdos comerciales no solo tiene implicaciones económicas, sino también profundas consecuencias sociales y humanitarias.

Un ejemplo histórico que ilustra las consecuencias del colapso de tratados internacionales es el de la disolución de Yugoslavia en la década de 1990. Antes del conflicto, las repúblicas yugoslavas estaban integradas económicamente a través de acuerdos comerciales y redes de producción que abarcaban toda la región. Sin embargo, el estallido de la guerra y la subsecuente desintegración del país llevaron al colapso de estos acuerdos, lo que resultó en la fragmentación económica y la pérdida de competitividad internacional de las repúblicas sucesoras. Este ejemplo destaca cómo los conflictos armados pueden deshacer décadas de integración económica y cooperación regional.

En el ámbito energético, el colapso de acuerdos comerciales puede tener efectos especialmente graves. Los tratados internacionales suelen incluir disposiciones específicas para garantizar el suministro y la estabilidad en los mercados de energía. Cuando estos tratados se desmoronan, los países importadores enfrentan un aumento en los precios de la energía y una mayor volatilidad en los mercados, mientras que los países exportadores pierden ingresos cruciales. En el caso de la crisis entre Rusia y Ucrania, el colapso de los acuerdos de tránsito de gas y la imposición de sanciones económicas han generado incertidumbre en los mercados energéticos europeos y han llevado a un aumento significativo en los precios del gas natural.

Los acuerdos comerciales también desempeñan un papel importante en la promoción de la sostenibilidad y la protección del medio ambiente. Muchos tratados internacionales incluyen disposiciones para la cooperación en áreas como la reducción de emisiones de carbono, la gestión de recursos naturales y la promoción de tecnologías limpias. El colapso de estos acuerdos puede socavar los esfuerzos globales para abordar el cambio climático y proteger el medio ambiente. Por ejemplo, la retirada de Estados Unidos del Acuerdo de París sobre el cambio climático bajo la administración Trump generó preocupación sobre la capacidad de la comunidad internacional para cumplir con los objetivos de reducción de emisiones.

El colapso de tratados internacionales también afecta a las cadenas de valor globales, que dependen de la estabilidad y previsibilidad que proporcionan estos acuerdos. Las empresas multinacionales que operan en múltiples países enfrentan mayores costos y riesgos cuando los acuerdos comerciales se desmoronan, ya que deben adaptarse a nuevas regulaciones y buscar alternativas para mantener sus operaciones. Esto puede llevar a una reubicación de las cadenas de suministro, con consecuencias económicas y sociales significativas para los países afectados. En el caso del Brexit, la salida del Reino Unido de la Unión Europea implicó la renegociación de múltiples acuerdos comerciales, lo que generó incertidumbre y costos adicionales para las empresas británicas y europeas.

Desde una perspectiva política, el colapso de acuerdos comerciales y tratados internacionales refleja un debilitamiento del multilateralismo y un aumento del unilateralismo en las relaciones internacionales. Este cambio de enfoque tiene implicaciones económicas y geopolíticas de largo alcance, ya que los países buscan maximizar sus intereses a corto plazo a expensas de la cooperación internacional. En este contexto, la falta de confianza y la fragmentación en el sistema internacional dificultan la resolución de problemas globales como la pobreza, el cambio climático y los conflictos armados.
Crisis logísticas globales: puertos, transporte y suministros

Las crisis logísticas globales relacionadas con puertos, transporte y suministros representan uno de los desafíos más complejos y persistentes en el ámbito del comercio internacional y la economía global. Estas crisis no solo reflejan las vulnerabilidades inherentes de las cadenas de suministro modernas, sino que también subrayan cómo eventos externos, como conflictos armados, pandemias y desastres naturales, pueden desencadenar efectos dominó que afectan a múltiples sectores y regiones.

El transporte marítimo, que maneja aproximadamente el 80% del comercio mundial, es especialmente vulnerable a las disrupciones. Los puertos son nodos críticos en la red global de transporte, y cualquier interrupción en su funcionamiento puede tener repercusiones inmediatas y de gran alcance. Un ejemplo reciente es la congestión en los principales puertos del mundo, como los de Los Ángeles y Shanghái, que ha generado retrasos significativos en el movimiento de bienes. Estas congestiones a menudo son causadas por desequilibrios entre la oferta y la demanda, problemas laborales, o eventos inesperados como la pandemia de COVID-19, que provocó cierres temporales de puertos y una reducción en la capacidad operativa debido a restricciones sanitarias.

Las crisis logísticas también se ven agravadas por la falta de capacidad de almacenamiento en los puertos, lo que genera un efecto de embotellamiento. Cuando los puertos no pueden procesar las mercancías entrantes de manera eficiente, los buques deben esperar más tiempo para atracar, lo que aumenta los costos operativos y genera un efecto cascada en toda la cadena de suministro. Este fenómeno fue particularmente evidente durante el auge del comercio electrónico impulsado por la pandemia, cuando la demanda de bienes superó con creces la capacidad de procesamiento de muchos puertos.

El transporte terrestre, que incluye camiones y ferrocarriles, también enfrenta desafíos significativos en el contexto de las crisis logísticas. La falta de conductores de camiones es un problema recurrente en muchas regiones, especialmente en América del Norte y Europa. Este déficit se debe a factores como las condiciones laborales exigentes, el envejecimiento de la fuerza laboral y la falta de incentivos para atraer a nuevos conductores. La escasez de conductores limita la capacidad de las empresas para mover bienes desde los puertos a los destinos finales, exacerbando los retrasos y aumentando los costos de transporte.

En el ámbito ferroviario, las disrupciones suelen estar relacionadas con problemas de infraestructura, como vías insuficientes o en mal estado, y con conflictos laborales. Estas limitaciones son particularmente problemáticas en países en desarrollo, donde la infraestructura ferroviaria a menudo no está equipada para manejar volúmenes crecientes de carga. En muchos casos, las empresas se ven obligadas a recurrir al transporte por carretera, que es más costoso y menos eficiente en términos de emisiones de carbono.

El transporte aéreo, aunque menos utilizado para el movimiento de mercancías en comparación con el transporte marítimo y terrestre, desempeña un papel crucial en el transporte de bienes de alto valor y productos perecederos. Sin embargo, las crisis logísticas también afectan este sector, particularmente en momentos de alta demanda. La capacidad limitada de carga en los aviones, combinada con el aumento de los costos del combustible y las restricciones impuestas por los gobiernos durante la pandemia, ha llevado a un incremento en los costos de transporte aéreo y a retrasos en la entrega de bienes críticos.

Otro aspecto clave de las crisis logísticas globales es la dependencia de las cadenas de suministro just-in-time, que priorizan la eficiencia y la reducción de inventarios. Si bien este enfoque ha permitido a las empresas reducir costos, también las ha hecho más vulnerables a las disrupciones. Cuando ocurre una crisis, como un bloqueo en una importante ruta de transporte o un conflicto armado que interrumpe el flujo de bienes, las empresas que operan bajo el modelo just-in-time enfrentan mayores dificultades para adaptarse, lo que resulta en escasez de productos y aumentos en los precios.

Las crisis logísticas también están intrínsecamente vinculadas a la geopolítica. Las tensiones entre países pueden llevar a restricciones en el comercio y a bloqueos en rutas estratégicas. Por ejemplo, el bloqueo del Canal de Suez en 2021, causado por el encallamiento del buque Ever Given, destacó la importancia de esta vía para el comercio mundial y cómo un solo evento puede generar un impacto económico global. Del mismo modo, los conflictos en el estrecho de Ormuz, una ruta clave para el transporte de petróleo, han generado incertidumbre en los mercados energéticos y han aumentado los costos del transporte marítimo.

En el contexto de la sostenibilidad, las crisis logísticas también plantean desafíos importantes. La dependencia de combustibles fósiles en el transporte marítimo y terrestre contribuye significativamente a las emisiones de gases de efecto invernadero. Las disrupciones en las cadenas de suministro pueden llevar a un mayor uso de medios de transporte menos eficientes desde el punto de vista energético, como el transporte aéreo, lo que agrava los problemas ambientales. Además, la falta de planificación a largo plazo y de inversión en infraestructura sostenible limita la capacidad de los sistemas logísticos para adaptarse a las necesidades cambiantes.

La digitalización y la automatización están emergiendo como posibles soluciones para abordar las crisis logísticas, pero también presentan desafíos. La implementación de tecnologías como la inteligencia artificial, el blockchain y los sistemas de gestión de transporte puede mejorar la eficiencia y la resiliencia de las cadenas de suministro. Sin embargo, estas tecnologías requieren inversiones significativas y un alto grado de coordinación entre los actores involucrados. Además, la adopción de estas tecnologías varía ampliamente entre regiones y sectores, lo que genera desigualdades en la capacidad de recuperación ante las crisis.
En términos financieros, las crisis logísticas tienen un impacto significativo en los costos operativos de las empresas y en los precios al consumidor. Los costos adicionales asociados con los retrasos en el transporte, la reubicación de cadenas de suministro y el aumento de los precios del combustible se transfieren a los consumidores, lo que contribuye a la inflación. Las pequeñas y medianas empresas, que a menudo carecen de los recursos financieros para absorber estos costos, son particularmente vulnerables y enfrentan mayores riesgos de quiebra.

Las crisis logísticas también afectan la competitividad de las economías a nivel global. Los países con infraestructura avanzada y sistemas logísticos eficientes están mejor posicionados para manejar las disrupciones y mantener su participación en los mercados internacionales. Por otro lado, los países con infraestructura deficiente enfrentan mayores dificultades para adaptarse, lo que limita su capacidad para atraer inversiones y participar en el comercio global.

En el ámbito laboral, las crisis logísticas generan tensiones adicionales. Los trabajadores en los sectores de transporte y logística enfrentan condiciones laborales difíciles, como largas horas de trabajo, salarios bajos y falta de seguridad laboral. Estas condiciones han llevado a un aumento en los conflictos laborales, como huelgas y protestas, que a su vez exacerban las disrupciones en las cadenas de suministro.

Finalmente, las crisis logísticas tienen implicaciones para la seguridad nacional. La interrupción en el suministro de bienes esenciales, como alimentos, medicamentos y energía, puede generar inestabilidad social y política. Los gobiernos deben garantizar la resiliencia de sus sistemas logísticos para proteger a sus ciudadanos y mantener la estabilidad económica. Esto requiere una combinación de inversiones en infraestructura, políticas de diversificación de proveedores y cooperación internacional para garantizar el flujo continuo de bienes y servicios.

4 - Consecuencias financieras a largo plazo

Deuda soberana y crisis fiscales en economías emergentes

Las consecuencias financieras a largo plazo que derivan de la deuda soberana y las crisis fiscales en economías emergentes constituyen un tema de crucial importancia en el análisis económico global. Estas repercusiones no solo afectan a los países directamente involucrados, sino que también tienen implicaciones significativas para la estabilidad financiera internacional, dado el creciente nivel de interconexión entre los mercados. Las economías emergentes, caracterizadas por su rápido crecimiento económico y su participación creciente en el comercio global, enfrentan desafíos específicos en términos de deuda y sostenibilidad fiscal que se intensifican en contextos de crisis o conflictos prolongados.

La deuda soberana, como herramienta financiera, permite a los gobiernos financiar proyectos de infraestructura, educación, salud y defensa, entre otros. Sin embargo, cuando esta deuda se acumula a niveles insostenibles, los países enfrentan dificultades para cumplir con sus obligaciones de pago, lo que puede desencadenar crisis fiscales. En las economías emergentes, esta situación es especialmente delicada debido a su dependencia de los mercados internacionales para obtener financiamiento. Muchos de estos países emiten deuda en monedas extranjeras, como el dólar estadounidense o el euro, lo que los expone a riesgos cambiarios significativos. Un debilitamiento de su moneda local frente a las principales divisas incrementa el costo real de la deuda externa, agravando la carga financiera.

Las crisis fiscales en economías emergentes suelen estar marcadas por una combinación de factores internos y externos. Internamente, la corrupción, la mala gestión fiscal y la falta de instituciones sólidas contribuyen a la acumulación de déficits presupuestarios. Externamente, los choques globales, como las fluctuaciones en los precios de las materias primas, las tensiones geopolíticas o las decisiones de política monetaria en economías avanzadas, afectan directamente la capacidad de estos países para gestionar su deuda. Por ejemplo, un aumento en las tasas de interés en economías como Estados Unidos puede atraer capital hacia esos mercados, provocando una fuga de capitales de las economías emergentes y una depreciación de sus monedas.

El impacto de las crisis fiscales en estas economías es multifacético. Por un lado, los gobiernos se ven obligados a implementar medidas de austeridad para reducir el déficit, lo que a menudo implica recortes en el gasto público en áreas clave como la educación y la salud. Estas medidas, aunque necesarias desde una perspectiva fiscal, tienen un impacto negativo en el bienestar de la población y en el crecimiento económico a largo plazo. Por otro lado, las crisis fiscales reducen la confianza de los inversionistas internacionales, lo que aumenta el costo del financiamiento externo y limita el acceso a nuevos créditos.

La deuda soberana insostenible también tiene implicaciones para el sistema financiero interno de los países emergentes. Los bancos, que a menudo tienen una exposición significativa a la deuda pública, enfrentan riesgos de solvencia si el gobierno incumple con sus pagos. Esto puede desencadenar una crisis bancaria que se extienda al resto de la economía, generando una espiral descendente de recesión y desempleo. Además, los gobiernos, al verse obligados a destinar una parte significativa de sus ingresos al servicio de la deuda, tienen menos recursos disponibles para invertir en áreas que promuevan el crecimiento económico.

Otro aspecto crítico es el impacto en las tasas de cambio y en la inflación. Las economías emergentes con altos niveles de deuda externa son particularmente vulnerables a los cambios en los mercados de divisas. Una depreciación abrupta de la moneda local no solo aumenta el costo de la deuda externa, sino que también impulsa la inflación al elevar los precios de los bienes importados. Esta combinación de alta inflación y deuda creciente crea un entorno económico inestable que desalienta la inversión y el consumo.

En términos de repercusiones sociales, las crisis fiscales tienden a exacerbar las desigualdades económicas y sociales. Los recortes en el gasto público afectan desproporcionadamente a los sectores más vulnerables de la población, mientras que las subidas de impuestos para aumentar los ingresos gubernamentales tienden a ser regresivas. Además, el aumento del desempleo y la reducción de los servicios públicos generan tensiones sociales que pueden desembocar en protestas y disturbios, desestabilizando aún más la economía.

La dinámica de la deuda soberana y las crisis fiscales en economías emergentes también está influenciada por el papel de las instituciones financieras internacionales, como el Fondo Monetario Internacional (FMI) y el Banco Mundial. Estas instituciones suelen intervenir en momentos de crisis para proporcionar financiamiento de emergencia y asesoramiento técnico. Sin embargo, los programas de ajuste estructural asociados a esta ayuda a menudo son controvertidos, ya que imponen condiciones estrictas que pueden agravar las dificultades económicas a corto plazo. Las críticas hacia estas políticas se centran en su enfoque en la estabilidad macroeconómica a expensas del crecimiento inclusivo y sostenible.

En el contexto global, las crisis fiscales en economías emergentes tienen implicaciones para los mercados financieros internacionales. La incertidumbre sobre la capacidad de estos países para cumplir con sus obligaciones de deuda puede generar volatilidad en los mercados de bonos y divisas, afectando a los inversionistas y a las economías avanzadas que tienen exposiciones significativas a estos activos. Además, las crisis en grandes economías emergentes, como Brasil, India o Sudáfrica, pueden tener efectos de contagio que se extienden a otras regiones y sectores.

Un ejemplo reciente de las complejidades asociadas a la deuda soberana y las crisis fiscales en economías emergentes es la situación en Argentina. Con una larga historia de incumplimientos de deuda, el país ha enfrentado dificultades persistentes para estabilizar su economía y restaurar la confianza de los mercados. Las negociaciones con acreedores internacionales y las medidas de austeridad implementadas por el gobierno han generado tensiones sociales y políticas, destacando los desafíos inherentes a la gestión de crisis fiscales en este tipo de economías.

En África, países como Zambia y Mozambique también han enfrentado crisis de deuda soberana, exacerbadas por la caída en los precios de las materias primas y la falta de transparencia en la gestión de los préstamos. Estas crisis han resaltado la necesidad de mejorar la gobernanza y de diversificar las economías para reducir la dependencia de sectores vulnerables a los choques externos.

En Asia, países como Sri Lanka han experimentado crisis fiscales debido a una combinación de deuda externa elevada y déficits fiscales persistentes. En este caso, la pandemia de COVID-19 amplificó los problemas económicos al reducir los ingresos por turismo y aumentar los gastos en salud pública. Las negociaciones con acreedores internacionales y las medidas de ajuste implementadas para estabilizar la economía han sido objeto de escrutinio tanto a nivel nacional como internacional.

Cambios en los flujos de capital y el sistema bancario

Los cambios en los flujos de capital y el sistema bancario son aspectos fundamentales para entender la dinámica de la economía global, especialmente en tiempos de crisis o transformaciones estructurales. La movilidad del capital y la función de las instituciones bancarias son piezas clave que permiten, o limitan, el crecimiento económico, la estabilidad financiera y la capacidad de los países para responder a choques externos o internos. En este contexto, analizar cómo se transforman estos flujos y cómo se adaptan los sistemas bancarios resulta esencial para comprender los efectos económicos de fenómenos como los conflictos bélicos, las recesiones globales y las innovaciones tecnológicas.

El flujo de capital se refiere a la transferencia de recursos financieros entre países, sectores y agentes económicos. Esto incluye inversiones directas extranjeras, movimientos de cartera, préstamos internacionales y transferencias de remesas. Los cambios en estos flujos están determinados por una variedad de factores, que incluyen las políticas económicas, las condiciones de los mercados financieros globales y la percepción de riesgo en los mercados emergentes y avanzados. Durante periodos de inestabilidad, como guerras o crisis económicas, los flujos de capital tienden a desplazarse hacia activos más seguros, lo que comúnmente se denomina "fuga hacia la calidad". Este fenómeno puede provocar un impacto devastador en las economías que dependen del capital extranjero, dado que enfrentan una disminución en la disponibilidad de recursos financieros necesarios para financiar su crecimiento.

El sistema bancario, por su parte, actúa como intermediario fundamental en el proceso de movilización de capital. Los bancos recogen depósitos y canalizan esos recursos hacia inversiones productivas. Sin embargo, en situaciones de incertidumbre, los bancos también enfrentan presiones significativas. Un aumento en la volatilidad de los mercados financieros puede generar una reducción en la liquidez y un endurecimiento de las condiciones crediticias, lo que afecta tanto a las empresas como a los hogares. En muchos casos, los sistemas bancarios nacionales son vulnerables a los cambios en los flujos de capital, especialmente cuando los bancos tienen una alta exposición a deuda soberana o a préstamos en moneda extranjera.

Un ejemplo de cómo los flujos de capital afectan al sistema bancario se observa en los países en desarrollo que dependen de la inversión extranjera directa para financiar sus proyectos de infraestructura. Cuando las condiciones globales cambian, como ocurrió durante la crisis financiera de 2008 o la pandemia de COVID-19, estos flujos pueden detenerse abruptamente. Los inversores internacionales tienden a retirar su capital en busca de mercados más seguros, lo que genera desequilibrios en la balanza de pagos y presiona a la baja las reservas internacionales de los países afectados. Esta situación obliga a los bancos centrales a intervenir en los mercados de divisas, utilizando sus reservas para estabilizar la moneda local, pero a menudo a costa de un aumento en las tasas de interés que encarece el crédito y reduce el consumo y la inversión.

Por otro lado, los flujos de capital no solo se ven afectados por factores económicos, sino también por consideraciones geopolíticas. Los conflictos internacionales y las sanciones económicas pueden alterar significativamente los patrones de movimiento de capital. Por ejemplo, las sanciones impuestas a ciertos países limitan su acceso a los mercados financieros internacionales, obligándolos a buscar alternativas en regiones menos desarrolladas o en sistemas financieros paralelos. Esta dinámica crea fragmentaciones en el sistema financiero global, donde los flujos de capital se canalizan de manera desigual y a menudo en detrimento de la eficiencia económica.

En este sentido, las políticas monetarias y fiscales de las grandes economías tienen un impacto desproporcionado en los flujos de capital globales. Por ejemplo, una política monetaria expansiva en Estados Unidos, que incluye tasas de interés bajas y programas de compra de activos, tiende a incrementar los flujos de capital hacia economías emergentes en busca de mayores rendimientos. Sin embargo, cuando estas políticas se revierten, como en el caso del "taper tantrum" de 2013, los flujos de capital regresan rápidamente a los mercados avanzados, dejando a las economías emergentes expuestas a crisis de balanza de pagos y a devaluaciones abruptas de sus monedas.

El sistema bancario también enfrenta desafíos relacionados con la digitalización y la aparición de nuevas tecnologías financieras. La digitalización ha facilitado la transferencia de capital a nivel global, permitiendo a los inversores acceder a mercados extranjeros con mayor rapidez y menor costo. Sin embargo, también ha incrementado la competencia para los bancos tradicionales, que enfrentan presión de las fintech y otras plataformas de servicios financieros. Estas nuevas tecnologías han cambiado la forma en que los flujos de capital se canalizan y han introducido nuevos riesgos, como la ciberseguridad y la falta de regulación en algunos segmentos del mercado.

Además, el sistema bancario está influenciado por las normativas internacionales, como los acuerdos de Basilea, que buscan garantizar la estabilidad financiera al requerir que los bancos mantengan niveles adecuados de capital y liquidez. Sin embargo, estas regulaciones también pueden limitar la capacidad de los bancos para movilizar capital, especialmente en tiempos de crisis. Por ejemplo, los requisitos de capital más estrictos pueden desalentar la concesión de préstamos, lo que exacerba las recesiones económicas.

La interacción entre los flujos de capital y el sistema bancario también se ve afectada por los cambios en las preferencias de inversión de los actores institucionales, como fondos de pensiones, aseguradoras y fondos soberanos. Estos actores juegan un papel crucial en la configuración de los mercados financieros globales, ya que sus decisiones de inversión pueden influir en la dirección y magnitud de los flujos de capital. En tiempos de incertidumbre, estos inversores tienden a adoptar estrategias más conservadoras, lo que reduce la disponibilidad de financiamiento para proyectos de alto riesgo pero potencialmente de alto rendimiento.

Por otro lado, los países exportadores de materias primas son particularmente vulnerables a los cambios en los flujos de capital. Cuando los precios de las materias primas caen, estos países experimentan una disminución en sus ingresos de exportación, lo que reduce la confianza de los inversores internacionales y provoca una salida de capital. Esta dinámica crea un círculo vicioso, donde la pérdida de ingresos y capital reduce la capacidad del gobierno para financiar proyectos de desarrollo y estabilizar la economía, lo que a su vez desincentiva la inversión futura.

Un ejemplo claro de este fenómeno es el caso de los países del Golfo Pérsico, que dependen en gran medida de los ingresos del petróleo. Durante periodos de precios bajos del petróleo, estos países enfrentan déficits fiscales significativos y recurren a la emisión de deuda para financiar sus gastos. Sin embargo, el acceso a los mercados de capital depende de las condiciones globales y de la percepción de riesgo por parte de los inversores. Si los flujos de capital se reducen, los gobiernos se ven obligados a recurrir a sus reservas soberanas o a implementar recortes presupuestarios, lo que tiene implicaciones sociales y económicas significativas.

Finalmente, la evolución de los flujos de capital y el sistema bancario está moldeada por las tendencias macroeconómicas de largo plazo, como el envejecimiento de la población en las economías avanzadas, la urbanización en las economías emergentes y los esfuerzos globales para combatir el cambio climático. Estas tendencias afectan la demanda y oferta de capital, así como las prioridades de inversión. Por ejemplo, la transición hacia una economía baja en carbono requerirá una reorientación significativa de los flujos de capital hacia sectores sostenibles, lo que plantea desafíos y oportunidades para los sistemas bancarios y los mercados financieros.

5 - Innovaciones tecnológicas y su impacto económico

Desarrollo y uso de armas autónomas: inversión y amortización

El desarrollo y uso de armas autónomas representa una de las transformaciones más significativas y controvertidas en el panorama militar contemporáneo. Estas tecnologías han sido objeto de un intenso debate global debido a sus implicaciones éticas, estratégicas y, especialmente, económicas. La inversión en armas autónomas y su eventual amortización financiera no solo constituyen un reflejo de las prioridades de los estados y las alianzas internacionales, sino también un indicador de las transformaciones en la economía global vinculadas a la seguridad y la defensa.

En términos de inversión, el desarrollo de armas autónomas requiere un compromiso financiero sustancial y continuo. Estas tecnologías se apoyan en una convergencia de disciplinas altamente especializadas, como la inteligencia artificial, la robótica, la computación avanzada y la ciberseguridad. Los gobiernos y las empresas privadas que lideran esta área destinan recursos significativos a la investigación y desarrollo (I+D) para mantener su competitividad y garantizar que sus sistemas sean efectivos en un entorno militar cada vez más complejo. Por ejemplo, grandes potencias como Estados Unidos, China y Rusia han invertido miles de millones de dólares en proyectos que van desde drones aéreos no tripulados hasta sistemas de defensa automatizados y plataformas terrestres autónomas.

Uno de los principales impulsos económicos para estas inversiones es la promesa de una mayor eficiencia operativa. Las armas autónomas tienen el potencial de reducir los costes asociados a las operaciones militares al minimizar la necesidad de personal humano en el campo de batalla y limitar las pérdidas humanas. Asimismo, estas tecnologías pueden operar durante largos periodos sin interrupciones y con una menor dependencia de recursos logísticos tradicionales, lo que genera ahorros significativos en el largo plazo. No obstante, este tipo de ahorro está lejos de ser inmediato. Los altos costes iniciales de desarrollo, producción y despliegue constituyen barreras significativas que solo las economías más fuertes pueden superar con relativa facilidad.

El mercado global de armas autónomas también está modelado por la interacción entre los sectores público y privado. Muchas empresas tecnológicas y de defensa, incluyendo gigantes como Lockheed Martin, Northrop Grumman y BAE Systems, desempeñan un papel crucial en la innovación y fabricación de estas armas. Estas compañías no solo colaboran estrechamente con los gobiernos, sino que también compiten entre sí para capturar partes del mercado internacional. Este entorno competitivo incentiva la mejora constante de las tecnologías, pero también genera preocupaciones sobre una posible carrera armamentística tecnológica que podría desestabilizar el equilibrio global.

Desde un punto de vista financiero, la amortización de las armas autónomas se plantea como un desafío complejo. Aunque su uso podría llevar a una disminución de ciertos costes a largo plazo, como el mantenimiento de tropas y los gastos relacionados con bajas humanas, los costes asociados con la actualización y el mantenimiento de estos sistemas siguen siendo elevados. Además, las armas autónomas son vulnerables a la obsolescencia tecnológica debido al rápido avance de las innovaciones en inteligencia artificial y ciberseguridad. Esto implica que los estados y las empresas deben destinar fondos continuos no solo para el desarrollo inicial, sino también para mantener sus sistemas actualizados frente a posibles amenazas emergentes.

La comercialización de estas armas también plantea preguntas sobre el impacto económico en los países en desarrollo. Aunque las armas autónomas podrían ofrecer ventajas estratégicas significativas, su elevado coste de adquisición y mantenimiento dificulta el acceso a estas tecnologías para muchos estados. Esto podría agravar las desigualdades existentes en la seguridad internacional y aumentar la dependencia de los países más pobres de las potencias militares avanzadas. Al mismo tiempo, las exportaciones de armas autónomas podrían convertirse en una fuente importante de ingresos para los países fabricantes, consolidando su influencia económica y geopolítica.

Otro aspecto clave del desarrollo y uso de armas autónomas es su impacto en los presupuestos de defensa nacionales. En muchos casos, los gobiernos han tenido que reestructurar sus prioridades presupuestarias para acomodar los altos costes asociados a estas tecnologías. Esto ha llevado a debates sobre el equilibrio entre gasto en defensa y otras áreas críticas, como la educación, la salud y las infraestructuras. Las decisiones sobre cómo asignar recursos reflejan no solo las prioridades nacionales, sino también las percepciones sobre las amenazas futuras y la necesidad de mantener una ventaja competitiva en el ámbito internacional.

En el contexto internacional, el desarrollo de armas autónomas también influye en las relaciones económicas y políticas entre países. Por un lado, la colaboración en proyectos conjuntos puede fortalecer alianzas y fomentar la transferencia de tecnología. Por otro lado, la proliferación de estas armas podría generar tensiones y conflictos económicos, especialmente si ciertos estados buscan restringir el acceso a estas tecnologías para preservar su ventaja estratégica. Las sanciones económicas y los controles de exportación son herramientas que a menudo se utilizan para gestionar estos riesgos, aunque su eficacia es limitada en un mundo cada vez más interconectado.

Por último, es importante destacar que el impacto económico del desarrollo y uso de armas autónomas no se limita al sector militar. Estas tecnologías tienen aplicaciones potenciales en una variedad de áreas civiles, desde la logística hasta la vigilancia y la exploración espacial. Esto crea oportunidades para que las empresas diversifiquen sus ingresos y contribuyan al crecimiento económico más allá del ámbito de la defensa. Sin embargo, también plantea preguntas sobre cómo regular estas aplicaciones y garantizar que se utilicen de manera ética y responsable.

El desarrollo y uso de armas autónomas está redefiniendo el panorama económico y el financiero de la seguridad global. Aunque ofrecen promesas de mayor eficiencia y reducción de costes a largo plazo, también presentan desafíos significativos en términos de inversión inicial, mantenimiento, y equilibrio geopolítico. La forma en que los estados y las empresas aborden estas cuestiones determinará no solo el futuro de los conflictos armados, sino también el impacto económico más amplio de esta revolución tecnológica.

Guerra cibernética: costes de defensa y recuperación

La guerra cibernética ha emergido como uno de los dominios más complejos y desafiantes de los conflictos contemporáneos, impulsada por la creciente digitalización de las economías y la infraestructura global. Su impacto económico no se limita a los sistemas de defensa directa, sino que también se extiende a las industrias, el comercio y la confianza en las instituciones financieras. En un entorno donde la información es un activo crítico, las amenazas cibernéticas presentan un abanico de costos que afectan tanto a la defensa preventiva como a la recuperación de ataques exitosos.

El gasto en defensa cibernética ha crecido de manera exponencial en las últimas dos décadas, reflejando la urgencia de los gobiernos y las corporaciones por protegerse contra ataques que pueden paralizar sistemas enteros en cuestión de segundos. Los presupuestos dedicados a esta área incluyen desde la contratación de expertos y la adquisición de tecnologías avanzadas hasta el mantenimiento continuo de sistemas de seguridad actualizados. En países como Estados Unidos y China, el gasto en ciberseguridad se ha convertido en una parte esencial de los presupuestos de defensa, superando en muchos casos el gasto dedicado a sistemas armamentísticos tradicionales. La inversión en inteligencia artificial y algoritmos predictivos para identificar posibles amenazas antes de que se materialicen es una muestra del nivel de sofisticación que requiere este campo.

Un aspecto fundamental del costo de la guerra cibernética es el desarrollo de infraestructura defensiva que pueda resistir ataques de una naturaleza cada vez más sofisticada. Esto incluye centros de datos redundantes, sistemas de encriptación avanzados y redes segmentadas que dificulten el acceso no autorizado. Sin embargo, estos sistemas son costosos no solo en su implementación inicial, sino también en su mantenimiento, que requiere actualizaciones constantes para hacer frente a nuevas vulnerabilidades. Además, el tiempo y los recursos necesarios para formar a personal especializado representan un costo adicional significativo, especialmente en un campo donde la demanda de profesionales cualificados supera con creces la oferta.

Por otro lado, el costo de recuperación tras un ataque exitoso puede ser incluso mayor que el de la defensa. Las consecuencias económicas de un ciberataque incluyen desde la pérdida de datos y la interrupción de operaciones hasta daños reputacionales que pueden tener efectos a largo plazo en la confianza de los inversores y consumidores.

Por ejemplo, un ataque a una infraestructura crítica como una planta de energía o un sistema de transporte puede generar costos multimillonarios no solo por la reparación de los daños físicos y digitales, sino también por las pérdidas indirectas asociadas a la interrupción del servicio.

Las empresas privadas también enfrentan una carga financiera considerable en este ámbito. En un entorno donde los ataques pueden dirigirse a cualquier sector, desde bancos hasta hospitales, la inversión en seguros cibernéticos se ha disparado. Estos seguros, aunque necesarios, también reflejan el creciente costo del riesgo asociado con la guerra cibernética. Además, las multas regulatorias por incumplimiento de normas de seguridad, como las impuestas bajo el Reglamento General de Protección de Datos (GDPR) en Europa, añaden otra capa de costos que las organizaciones deben considerar.

La colaboración internacional en materia de ciberseguridad también tiene implicaciones financieras significativas. Los países deben invertir en alianzas y acuerdos que permitan el intercambio de información sobre amenazas y mejores prácticas. Esto no solo implica costos directos asociados con la participación en foros internacionales y el desarrollo de protocolos conjuntos, sino también la necesidad de alinear sistemas y tecnologías que permitan una comunicación efectiva entre distintos actores.

En el contexto de la guerra cibernética, la investigación y el desarrollo (I+D) son componentes esenciales del gasto. Los países y las corporaciones están invirtiendo cantidades sin precedentes en el desarrollo de tecnologías que puedan prevenir ataques o mitigar sus efectos. Esto incluye herramientas de detección temprana, sistemas de respuesta automatizada y plataformas de análisis de datos que puedan identificar patrones sospechosos en tiempo real. Sin embargo, estos avances tecnológicos también plantean preguntas sobre la eficacia relativa de la inversión, ya que los atacantes también evolucionan rápidamente para eludir las medidas de seguridad.

Los costos de la guerra cibernética también incluyen aspectos menos tangibles pero igualmente importantes, como el impacto en la moral y la confianza del público. Un ataque exitoso que exponga información personal o financiera puede erosionar la confianza en las instituciones, lo que a su vez puede traducirse en retiros masivos de inversiones o una disminución en la actividad económica. En este sentido, los costos psicológicos y sociales de la guerra cibernética tienen implicaciones económicas de gran alcance.

Otro factor a considerar es el papel de los actores no estatales en la guerra cibernética. Grupos de hackers, organizaciones criminales y empresas privadas con intereses oscuros participan activamente en este campo, lo que aumenta la complejidad del panorama y los costos asociados con su gestión. Los estados deben invertir no solo en la defensa contra ataques directos, sino también en operaciones de inteligencia que permitan identificar y neutralizar a estos actores antes de que puedan causar daños significativos.

La guerra cibernética representa un desafío económico y financiero de una magnitud sin precedentes. Los costos asociados con la defensa y la recuperación son solo una parte de un panorama más amplio que incluye el impacto en la confianza, la innovación y la colaboración internacional. A medida que la tecnología continúa avanzando, también lo hará la necesidad de inversiones sostenidas y estratégicas en ciberseguridad, asegurando que los sistemas críticos permanezcan resilientes frente a un enemigo en constante evolución.

Cuarta Parte: Alternativas financieras para prevenir conflictos

1 - El coste de la diplomacia frente al de la guerra

Inversiones en organismos internacionales y mediación

Esto plantea una cuestión crítica en la gestión de recursos nacionales e internacionales. En el ámbito económico y financiero, los gobiernos y organizaciones multilaterales enfrentan decisiones que implican valorar los costes iniciales y los beneficios a largo plazo de invertir en prevención de conflictos y mediación, frente a los gastos devastadores de la guerra. La diplomacia, aunque a menudo subestimada en términos presupuestarios, requiere recursos significativos para ser efectiva, pero los resultados pueden ofrecer retornos sustanciales en forma de estabilidad y prosperidad.

La inversión en organismos internacionales dedicados a la mediación y resolución de conflictos constituye un componente esencial de esta comparación. Instituciones como las Naciones Unidas, la Organización para la Seguridad y la Cooperación en Europa (OSCE) y otras entidades regionales desempeñan un papel central en la prevención de conflictos. Los presupuestos asignados a estas organizaciones se destinan a una amplia gama de actividades, desde la negociación de tratados hasta el monitoreo de elecciones, pasando por misiones de paz y el despliegue de mediadores en situaciones de crisis. Aunque estas inversiones pueden parecer elevadas, el coste relativo es insignificante en comparación con el gasto militar asociado a la guerra. Por ejemplo, los gastos operativos anuales de las misiones de paz de la ONU rondan los miles de millones de dólares, una cifra que puede parecer significativa, pero que se desvanece frente a los billones de dólares gastados en conflictos armados prolongados.

Además, los beneficios económicos de la diplomacia son tangibles en términos de estabilización de mercados y fomento del comercio internacional. Los conflictos armados tienden a generar incertidumbre en los mercados, afectando negativamente las inversiones y provocando volatilidad en los precios de bienes esenciales, como el petróleo y los alimentos. Por el contrario, un entorno diplomático sólido puede facilitar la cooperación económica, reducir los aranceles y fomentar la integración regional, con efectos multiplicadores para el crecimiento económico global. La mediación eficaz no solo previene la destrucción física y social, sino que también protege las economías nacionales de las perturbaciones que pueden durar décadas.

En términos de retorno de la inversión, la diplomacia ofrece ventajas claras. Los estudios han demostrado que cada dólar invertido en prevención de conflictos puede ahorrar varios dólares en costes de reconstrucción y recuperación postconflicto. Este enfoque preventivo es particularmente relevante en contextos donde las tensiones políticas y sociales amenazan con escalar. Por ejemplo, en regiones con disputas fronterizas o conflictos étnicos latentes, los programas de mediación pueden abordar las causas subyacentes antes de que se conviertan en crisis abiertas. Los costes asociados incluyen salarios para expertos en mediación, apoyo logístico para reuniones y negociaciones, y la implementación de acuerdos alcanzados, como desmovilización y reintegración de combatientes.

La diplomacia también desempeña un papel crucial en la reducción del gasto militar. Los presupuestos nacionales a menudo asignan recursos desproporcionados a la defensa, justificando estos gastos como una necesidad para garantizar la seguridad. Sin embargo, cuando las iniciativas diplomáticas logran resolver tensiones internacionales, se libera una parte considerable de estos recursos para otras prioridades, como la educación, la salud y la infraestructura. Países que han invertido en relaciones internacionales sólidas y en la construcción de confianza mutua han podido reducir gradualmente sus gastos de defensa, canalizando estos fondos hacia el desarrollo económico sostenible.

Un ejemplo emblemático de los beneficios de la diplomacia frente a la guerra es la Unión Europea. Tras siglos de conflictos devastadores, los países europeos optaron por una integración económica y política progresiva, respaldada por un compromiso diplomático constante. La creación de instituciones como el Parlamento Europeo y el Consejo Europeo ha permitido abordar disputas a través de la negociación y el compromiso, evitando conflictos armados entre sus miembros. Los costes asociados a estas instituciones son elevados, pero se consideran una inversión en paz y estabilidad que ha generado beneficios económicos sustanciales para la región.

Sin embargo, la eficacia de la diplomacia no está garantizada y depende de varios factores, incluyendo la voluntad política, la capacidad de las instituciones involucradas y el apoyo financiero sostenido. En algunos casos, la falta de recursos adecuados para iniciativas diplomáticas puede limitar su impacto. Esto subraya la importancia de priorizar la financiación de organismos internacionales y programas de mediación como una estrategia clave para prevenir conflictos.

Además de los organismos internacionales, los actores no estatales también desempeñan un papel importante en la diplomacia moderna. Organizaciones no gubernamentales, líderes religiosos y mediadores independientes han logrado avances significativos en la resolución de conflictos locales. Aunque sus presupuestos son modestos en comparación con los de las grandes instituciones, su capacidad para actuar rápidamente y adaptarse a contextos específicos les permite abordar problemas de manera eficaz. Estos esfuerzos complementan las iniciativas más amplias, creando un ecosistema diplomático que puede responder a una variedad de desafíos.

Desde una perspectiva económica, el coste de la guerra incluye no solo el gasto militar directo, sino también las pérdidas económicas colaterales, como la destrucción de infraestructura, la disminución de la productividad y el desplazamiento de poblaciones.

Estas pérdidas suelen ser irreparables y afectan tanto a las generaciones presentes como a las futuras. En contraste, la diplomacia se enfoca en preservar los recursos existentes y construir un entorno que permita el crecimiento económico continuo. Las inversiones en educación y capacitación de mediadores, así como en tecnología para facilitar las negociaciones, son componentes esenciales de este enfoque preventivo.

Otro aspecto relevante es la relación entre diplomacia y desarrollo sostenible. La paz y la estabilidad son condiciones previas para el progreso económico a largo plazo. Los Objetivos de Desarrollo Sostenible (ODS) de las Naciones Unidas destacan la importancia de promover sociedades pacíficas e inclusivas como un pilar del desarrollo global. La inversión en diplomacia contribuye directamente a este objetivo, creando un entorno propicio para la inversión extranjera, el comercio y la innovación. Además, la cooperación internacional facilita el intercambio de conocimientos y recursos, acelerando el progreso en áreas como la salud, la energía renovable y la tecnología.

En el contexto actual, caracterizado por desafíos transnacionales como el cambio climático, las pandemias y el terrorismo, la diplomacia desempeña un papel aún más crucial. Estos problemas requieren respuestas coordinadas que trasciendan las fronteras nacionales. La financiación de iniciativas diplomáticas y la creación de mecanismos de gobernanza global son inversiones estratégicas que pueden prevenir conflictos y garantizar una respuesta eficaz a las crisis. Por ejemplo, las negociaciones internacionales sobre el cambio climático han dado lugar a acuerdos como el Acuerdo de París, que busca mitigar los impactos económicos y sociales de este fenómeno global.

Además, la diplomacia económica está ganando relevancia como herramienta para fomentar la paz y la estabilidad. A través de acuerdos comerciales, inversiones conjuntas y proyectos de desarrollo, los países pueden construir relaciones económicas interdependientes que reduzcan las probabilidades de conflicto. Las zonas de libre comercio, los consorcios de infraestructura y las alianzas tecnológicas son ejemplos de cómo la cooperación económica puede complementar los esfuerzos diplomáticos tradicionales. Aunque estas iniciativas requieren inversiones iniciales significativas, los beneficios a largo plazo en términos de estabilidad y prosperidad justifican plenamente los costes.

La inversión en prevención de conflictos, mediación y fortalecimiento de instituciones internacionales no solo es más económica que los costes de la guerra, sino que también genera beneficios secundarios que contribuyen al desarrollo sostenible y la prosperidad global. Si bien los retos son considerables, el compromiso con la diplomacia como herramienta central de la política internacional es una decisión estratégica que beneficia a todas las partes involucradas.

Impacto económico positivo de los acuerdos de paz

Representa uno de los temas más relevantes y menos explorados dentro de las economías modernas. Cuando se alcanza un acuerdo de paz entre naciones o grupos en conflicto, las implicaciones financieras trascienden ampliamente el ámbito de los presupuestos militares. El cese de las hostilidades crea un entorno que propicia la estabilidad, la inversión extranjera directa y el desarrollo de sectores económicos clave, generando un ciclo de prosperidad que beneficia tanto a las economías locales como globales.

Uno de los impactos más inmediatos de un acuerdo de paz es la liberación de recursos previamente destinados a la maquinaria de guerra. Los presupuestos gubernamentales, especialmente en países donde el conflicto ha consumido una parte significativa del PIB, experimentan un alivio inmediato. Este cambio permite la reasignación de fondos hacia áreas como infraestructura, educación, salud pública e innovación tecnológica. Por ejemplo, en el caso de Colombia tras los acuerdos de paz con las FARC, se observó un aumento notable en la inversión estatal en zonas rurales que habían estado desatendidas debido al conflicto. Este tipo de redistribución no solo mejora la calidad de vida de los ciudadanos, sino que también incrementa el potencial de crecimiento económico a largo plazo.

Además, el fin de un conflicto armado suele estimular una recuperación rápida en sectores específicos como la agricultura, la manufactura y el turismo. Durante los conflictos, estas industrias tienden a sufrir severas contracciones debido a la destrucción de infraestructura, el desplazamiento de la fuerza laboral y la inseguridad generalizada. Sin embargo, con la llegada de la paz, el retorno de la estabilidad permite que los agricultores regresen a sus tierras, las fábricas retomen operaciones y los destinos turísticos se conviertan en opciones viables para viajeros nacionales e internacionales. Este renacimiento económico no solo impulsa el PIB, sino que también genera empleo, mejora la balanza comercial y fortalece las monedas locales.

La inversión extranjera directa (IED) también se ve significativamente influida por los acuerdos de paz. Los inversores internacionales, que generalmente perciben los conflictos como riesgos excesivos, comienzan a considerar a los países en posconflicto como destinos atractivos para el capital. Esto es particularmente evidente en sectores como la energía, las telecomunicaciones y la tecnología, donde los contratos a largo plazo requieren estabilidad política y seguridad jurídica. Por ejemplo, tras el acuerdo de paz en Angola, el sector petrolero atrajo miles de millones de dólares en inversiones extranjeras, contribuyendo significativamente al crecimiento económico del país.

El impacto positivo de la paz también se manifiesta en la reducción de los costes asociados con el desplazamiento forzado y las crisis humanitarias. Los conflictos suelen generar grandes flujos de refugiados y desplazados internos, lo que impone una carga significativa tanto a los países afectados como a la comunidad internacional. El retorno de estas poblaciones a sus hogares, facilitado por la paz, alivia la presión sobre los recursos gubernamentales y permite que los individuos contribuyan activamente a las economías locales. Este efecto es especialmente importante en países en desarrollo, donde la mano de obra es un recurso crítico para el crecimiento económico.

Los acuerdos de paz también tienen el potencial de transformar las relaciones comerciales internacionales. Durante los conflictos, las sanciones económicas, los embargos y la desconfianza generalizada limitan severamente el comercio entre naciones. Sin embargo, el establecimiento de la paz abre la puerta a la eliminación de estas barreras, fomentando una mayor integración económica. En regiones como los Balcanes, los acuerdos de paz han llevado a la creación de zonas de libre comercio y a una cooperación económica más estrecha entre los antiguos adversarios, lo que ha resultado en un crecimiento económico sostenido.

Desde una perspectiva macroeconómica, la paz también contribuye a la estabilidad financiera y a la confianza de los mercados. Los conflictos armados generan volatilidad en los mercados financieros, afectando negativamente el valor de las monedas, los bonos soberanos y las acciones de las empresas locales. La resolución de un conflicto, respaldada por acuerdos de paz sólidos, reduce esta volatilidad y mejora las perspectivas económicas de las naciones afectadas. Los bancos centrales y las instituciones financieras internacionales también desempeñan un papel crucial en este proceso, proporcionando liquidez y apoyo financiero para facilitar la transición hacia una economía de paz.

Otro aspecto clave es el impacto positivo de la paz en la innovación y el desarrollo tecnológico. Durante los conflictos, una parte considerable de los recursos destinados a la investigación y el desarrollo (I+D) se canaliza hacia tecnologías militares. Sin embargo, en tiempos de paz, estos recursos pueden redirigirse hacia áreas como la energía renovable, la inteligencia artificial y la salud. Este cambio no solo impulsa el progreso tecnológico, sino que también crea nuevas oportunidades de mercado y fomenta la competitividad global.

La implementación de acuerdos de paz también está vinculada al fortalecimiento de las instituciones democráticas y el estado de derecho. Estas mejoras institucionales generan un entorno más favorable para los negocios y la inversión, ya que garantizan la transparencia, la seguridad jurídica y la protección de los derechos de propiedad. En países como Ruanda, los esfuerzos por consolidar la paz tras el genocidio de 1994 han sido acompañados por reformas económicas significativas que han transformado al país en uno de los mercados emergentes más prometedores de África.

Finalmente, es importante destacar el papel de los organismos internacionales y las ONG en la facilitación de acuerdos de paz y su impacto económico positivo. Instituciones como las Naciones Unidas, el Banco Mundial y el Fondo Monetario Internacional no solo actúan como mediadores en los procesos de paz, sino que también proporcionan asistencia financiera y técnica para apoyar la reconstrucción económica. Estos esfuerzos incluyen desde la construcción de infraestructura hasta la implementación de programas de desarrollo sostenible, todos los cuales contribuyen al crecimiento económico y la estabilidad a largo plazo.

Generan un impacto económico positivo que se extiende mucho más allá de la simple ausencia de conflicto. Al liberar recursos, fomentar la inversión, revitalizar sectores clave y fortalecer las instituciones, la paz crea un entorno propicio para el desarrollo económico sostenible. Aunque el camino hacia la paz puede ser complejo y costoso, los beneficios económicos que trae consigo justifican ampliamente estos esfuerzos.

2 - El rol de la economía en la disuasión de conflictos

Sanciones económicas: eficacia y limitaciones

Las sanciones económicas han sido durante décadas una herramienta crucial en el arsenal diplomático y económico de los estados y organismos internacionales para influir en el comportamiento de otros países. Desde la Guerra Fría hasta la actualidad, estas medidas han evolucionado, ganando en sofisticación y adaptabilidad, convirtiéndose en un elemento central en la política exterior y en la disuasión de conflictos. Sin embargo, su eficacia y limitaciones son un tema de amplio debate, con resultados que a menudo reflejan tanto éxitos tangibles como fracasos significativos.

El principio básico de las sanciones económicas es imponer costos económicos directos e indirectos a un objetivo, ya sea un estado, un grupo o individuos específicos, con el fin de alterar su comportamiento. Estas medidas pueden adoptar diversas formas, desde restricciones comerciales, bloqueos financieros y congelación de activos hasta la prohibición de viajes o la limitación en el acceso a tecnologías críticas. Por ejemplo, las sanciones impuestas por Estados Unidos y la Unión Europea a Irán han incluido restricciones severas en sus exportaciones de petróleo, así como el aislamiento de su sistema bancario del sistema financiero global SWIFT. Estas medidas han reducido drásticamente los ingresos del gobierno iraní, obligándolo a reconsiderar ciertas políticas en el ámbito nuclear.

Uno de los principales argumentos a favor de las sanciones económicas es su capacidad para ejercer presión sin recurrir a la fuerza militar, evitando así los altos costos humanos y financieros asociados con los conflictos armados. En este sentido, las sanciones se perciben como una herramienta de "poder blando" que permite a los países influyentes moldear el panorama político internacional sin desplegar tropas ni entrar en guerra directa. Además, las sanciones suelen utilizarse en combinación con otras estrategias, como la diplomacia y los incentivos económicos, para aumentar su eficacia.

No obstante, la implementación de sanciones económicas también enfrenta numerosos desafíos y limitaciones que afectan su éxito. En primer lugar, la efectividad de las sanciones depende en gran medida de la cooperación internacional. Si bien las sanciones multilaterales impuestas por organismos como las Naciones Unidas tienden a ser más efectivas debido a su alcance global, las sanciones unilaterales suelen ser menos impactantes, ya que los estados objetivo pueden encontrar aliados dispuestos a proporcionarles apoyo económico o acceso a mercados alternativos. Por ejemplo, las sanciones impuestas por Estados Unidos a Cuba durante décadas tuvieron un impacto limitado debido al apoyo económico y comercial que Cuba recibió de otros países como la Unión Soviética y, más tarde, Venezuela.

Además, las sanciones económicas pueden tener efectos no deseados que socavan sus objetivos. Uno de los problemas más destacados es su impacto desproporcionado en las poblaciones civiles, que a menudo sufren más que los líderes políticos o las élites que se busca presionar. Las restricciones en bienes esenciales, como alimentos, medicinas y suministros médicos, pueden exacerbar las crisis humanitarias y provocar sufrimiento generalizado, lo que a menudo genera críticas sobre la ética y la legitimidad de estas medidas. Un ejemplo claro de esto fue el impacto de las sanciones contra Irak en la década de 1990, que llevaron a una grave crisis humanitaria sin lograr un cambio significativo en el régimen de Saddam Hussein.

Otro aspecto crucial a considerar es la resistencia y adaptabilidad de los estados objetivo. Muchos países han desarrollado estrategias para mitigar el impacto de las sanciones, diversificando sus socios comerciales, fomentando la economía informal o estableciendo sistemas financieros paralelos. Un caso destacado es el de Rusia, que tras la imposición de sanciones por la anexión de Crimea en 2014, implementó medidas para fortalecer su economía doméstica, como el impulso a la producción agrícola nacional y la creación de su propio sistema de pagos, MIR, para reducir la dependencia del sistema financiero occidental.

El papel de las sanciones económicas en el contexto de las economías emergentes también merece atención. Estas economías suelen ser más vulnerables a los efectos de las sanciones debido a su dependencia de los mercados internacionales y su menor capacidad para diversificar recursos. Por ejemplo, las sanciones impuestas a Venezuela han exacerbado su crisis económica, con una caída drástica en la producción de petróleo y un aumento significativo en la inflación, lo que ha generado una migración masiva y un deterioro en las condiciones de vida de su población.

Desde el punto de vista financiero, las sanciones también tienen repercusiones significativas en las empresas y los mercados internacionales. Las empresas que operan en países sancionados enfrentan riesgos legales, restricciones operativas y pérdidas financieras considerables. Además, las sanciones pueden desestabilizar los mercados globales, particularmente cuando afectan sectores estratégicos como la energía. Por ejemplo, las sanciones contra Irán y Rusia han tenido un impacto notable en los precios del petróleo y el gas, contribuyendo a la volatilidad de los mercados energéticos y generando incertidumbre para los inversores.

En muchos casos, las sanciones también generan tensiones entre aliados, ya que los intereses económicos y políticos no siempre están alineados. Por ejemplo, las sanciones de Estados Unidos a empresas europeas involucradas en proyectos energéticos con Rusia, como el gasoducto Nord Stream 2, han provocado fricciones diplomáticas y debates sobre la soberanía económica de la Unión Europea.

A pesar de estas limitaciones, las sanciones económicas han logrado algunos éxitos notables en la modificación del comportamiento de los estados objetivo. La campaña de sanciones contra Sudáfrica durante el apartheid es un ejemplo destacado, ya que contribuyó significativamente a presionar al gobierno sudafricano para que implementara reformas políticas y pusiera fin a la segregación racial. De manera similar, las sanciones internacionales contra Libia en la década de 1980 ayudaron a persuadir al régimen de Muamar Gadafi a abandonar su programa de armas de destrucción masiva y renunciar al terrorismo.

Las sanciones económicas son una herramienta compleja y de doble filo en la diplomacia internacional. Si bien ofrecen una alternativa a la acción militar y pueden ser efectivas en ciertas circunstancias, su éxito depende de una implementación cuidadosa, una cooperación internacional sólida y un monitoreo constante para mitigar efectos no deseados. Comprender las dinámicas económicas, sociales y políticas subyacentes es esencial para maximizar su eficacia y minimizar los daños colaterales.

Incentivos financieros para la cooperación internacional

Desde el cambio climático hasta la seguridad cibernética, pasando por la mitigación de conflictos armados y la gestión de crisis humanitarias, los incentivos financieros desempeñan un papel crucial para alinear los intereses nacionales con objetivos comunes y sostenibles. En este contexto, es necesario comprender cómo funcionan estos incentivos, cuáles son sus mecanismos principales y qué implicaciones tienen en la dinámica económica y política global.

En primer lugar, es importante definir qué se entiende por incentivos financieros en este marco. Estos pueden incluir subsidios, préstamos a bajo interés, alivio de la deuda, inversiones conjuntas, transferencias directas de fondos y ventajas fiscales, entre otros. Los incentivos financieros tienen como objetivo principal reducir las barreras que enfrentan los países para colaborar en iniciativas que trascienden fronteras y que, a menudo, requieren recursos significativos para su implementación. Por ejemplo, en el caso de la lucha contra el cambio climático, los incentivos financieros han sido fundamentales para promover la adopción de tecnologías limpias en economías en desarrollo, facilitando su transición hacia modelos energéticos más sostenibles.

Uno de los instrumentos más comunes en este contexto es el financiamiento multilateral a través de instituciones como el Banco Mundial, el Fondo Monetario Internacional (FMI) y bancos regionales de desarrollo. Estas entidades ofrecen líneas de crédito y financiamiento especializado con condiciones favorables para proyectos que promuevan objetivos de desarrollo compartido. Por ejemplo, el Banco Mundial ha implementado programas para la construcción de infraestructura resiliente al clima en países vulnerables, lo que no solo beneficia a las naciones receptoras, sino que también contribuye a estabilizar regiones enteras y prevenir crisis migratorias que podrían desestabilizar economías más amplias.

Asimismo, los incentivos financieros también se utilizan para fomentar acuerdos comerciales y tratados internacionales que faciliten el intercambio económico y reduzcan tensiones entre naciones. Por ejemplo, los acuerdos de libre comercio suelen incluir disposiciones que otorgan acceso preferencial a mercados a cambio de compromisos en áreas como derechos laborales, protección ambiental y cumplimiento de normativas internacionales. Este tipo de incentivos no solo mejora la integración económica, sino que también fortalece la estabilidad política al crear interdependencias que hacen menos probable el conflicto.

En el ámbito de la seguridad internacional, los incentivos financieros han sido utilizados para promover la desmilitarización y el desarme en zonas de conflicto. A través de programas de asistencia económica, las naciones pueden ser motivadas a reducir sus arsenales militares o a participar en misiones de mantenimiento de la paz bajo el paraguas de organizaciones internacionales como las Naciones Unidas. Un ejemplo destacado es el uso de fondos internacionales para la reintegración de combatientes desmovilizados en economías formales, una medida que no solo mejora la seguridad local, sino que también tiene un impacto positivo en el desarrollo económico.

Los incentivos financieros también juegan un papel crucial en la mitigación de desastres y la preparación ante crisis globales. En este ámbito, los mecanismos de financiamiento anticipado, como los seguros soberanos contra riesgos climáticos, permiten a los países acceder a fondos rápidamente tras eventos catastróficos. Este tipo de incentivos no solo reduce la carga fiscal inmediata sobre los gobiernos afectados, sino que también ayuda a prevenir interrupciones económicas prolongadas que podrían tener repercusiones globales. Un ejemplo de esto es el Fondo para el Seguro contra Riesgos de Catástrofes en el Caribe, que ha proporcionado apoyo financiero rápido a países de la región tras huracanes devastadores.

Por otro lado, los incentivos financieros también enfrentan críticas y desafíos significativos. Uno de los principales es el riesgo de dependencia, donde los países receptores pueden volverse excesivamente dependientes de la ayuda internacional, lo que podría desalentar el desarrollo de capacidades internas. Además, existe el riesgo de que los fondos sean mal utilizados o desviados debido a la corrupción o la falta de transparencia en su gestión. Para mitigar estos riesgos, las instituciones financieras han desarrollado mecanismos de supervisión y evaluación que buscan garantizar que los recursos se utilicen de manera efectiva y para los fines previstos.

Un aspecto interesante de los incentivos financieros es su capacidad para alinear intereses divergentes entre naciones. En el caso de la cooperación climática, por ejemplo, los países desarrollados han establecido fondos de financiación climática que ofrecen recursos a economías en desarrollo para que estas puedan reducir sus emisiones de gases de efecto invernadero. Este enfoque no solo ayuda a mitigar el cambio climático a nivel global, sino que también crea oportunidades de negocio para empresas de tecnología limpia en países donantes, generando beneficios mutuos.

En el ámbito de la salud global, los incentivos financieros también han sido fundamentales para combatir pandemias y otras crisis sanitarias. A través de programas de financiamiento internacional, como el Fondo Mundial para la Lucha contra el SIDA, la Tuberculosis y la Malaria, se han movilizado recursos significativos para prevenir y tratar enfermedades en las regiones más afectadas. Este tipo de iniciativas no solo salva vidas, sino que también reduce la carga económica asociada con la pérdida de productividad y los costos de atención sanitaria en los países afectados.

Otro área donde los incentivos financieros han demostrado ser efectivos es en la promoción de la educación y el desarrollo de capital humano. Programas como las becas internacionales y los fondos para el desarrollo de capacidades técnicas han permitido que individuos de países en desarrollo accedan a educación y entrenamiento de alta calidad en el extranjero. Esto no solo beneficia a los individuos y a sus comunidades, sino que también contribuye a crear una fuerza laboral global más competitiva y diversificada.

Finalmente, cabe destacar el papel de las alianzas público-privadas en la implementación de incentivos financieros para la cooperación internacional. Estas alianzas combinan recursos y conocimientos de los sectores público y privado para abordar problemas globales de manera más efectiva. Por ejemplo, en el sector de la tecnología, empresas privadas han colaborado con gobiernos e instituciones internacionales para desarrollar soluciones innovadoras que aborden desafíos como la conectividad digital en regiones remotas. Este tipo de colaboraciones no solo acelera el progreso en áreas clave, sino que también asegura que los recursos financieros se utilicen de manera más eficiente.

3 - El papel de las instituciones financieras globales

Banco Mundial y FMI en la reconstrucción postconflicto

El Banco Mundial y el Fondo Monetario Internacional (FMI) desempeñan un papel crucial en la reconstrucción postconflictos, actuando como pilares fundamentales para estabilizar economías devastadas, restaurar la confianza en los sistemas financieros y facilitar el desarrollo sostenible en zonas afectadas por la guerra. Su intervención no solo se centra en proporcionar apoyo financiero directo, sino también en ofrecer asistencia técnica, promover reformas estructurales y establecer condiciones para atraer inversión extranjera. Esta combinación de estrategias busca tanto aliviar las necesidades inmediatas como construir un marco económico resiliente a largo plazo.

El Banco Mundial ha desarrollado programas específicos para abordar los desafíos únicos que surgen en economías postconflicto. Una de sus principales prioridades es garantizar el acceso a fondos que permitan la reconstrucción de infraestructura crítica, como carreteras, hospitales, escuelas y redes eléctricas. Estas inversiones no solo restauran servicios esenciales, sino que también generan empleo y estimulan la actividad económica local. Además, el Banco Mundial fomenta iniciativas de desarrollo comunitario que involucran a la población local en el proceso de reconstrucción, fortaleciendo la cohesión social y promoviendo la inclusión.

El FMI, por su parte, se centra en estabilizar las economías nacionales a través de paquetes de asistencia financiera diseñados para abordar problemas de balanza de pagos y reestablecer la confianza de los inversores internacionales. En contextos de postconflicto, el FMI trabaja estrechamente con los gobiernos para implementar reformas fiscales y monetarias que reduzcan los déficits presupuestarios, controlen la inflación y fortalezcan las instituciones financieras. Estas medidas son esenciales para sentar las bases de una economía funcional y sostenible, aunque a menudo implican decisiones políticamente sensibles que requieren un equilibrio entre las necesidades inmediatas de la población y las exigencias de largo plazo de los acreedores.

Ambas instituciones también desempeñan un papel fundamental en la movilización de recursos internacionales. Esto incluye la coordinación con otros organismos multilaterales, donantes bilaterales y el sector privado para garantizar que los fondos necesarios estén disponibles y sean utilizados de manera eficiente. En este sentido, el Banco Mundial y el FMI actúan como catalizadores que potencian el impacto de la ayuda internacional, promoviendo sinergias entre los diferentes actores involucrados en la reconstrucción.

Un aspecto clave del trabajo de estas instituciones es la promoción de la gobernanza y la transparencia. El Banco Mundial y el FMI suelen vincular su asistencia financiera a la implementación de reformas que fortalezcan el estado de derecho, reduzcan la corrupción y mejoren la gestión de los recursos públicos. Estas condiciones buscan garantizar que los fondos se utilicen de manera eficaz y que los beneficios lleguen a las comunidades más afectadas. Además, al fomentar la transparencia, estas reformas ayudan a construir la confianza de la ciudadanía en sus instituciones y a prevenir futuras crisis.

Sin embargo, la intervención del Banco Mundial y el FMI en contextos postconflicto no está exenta de críticas. Algunos argumentan que las condiciones impuestas por estas instituciones pueden ser demasiado estrictas y no siempre están alineadas con las prioridades inmediatas de los países afectados. Por ejemplo, las políticas de austeridad fiscal recomendadas por el FMI pueden limitar la capacidad de los gobiernos para invertir en programas sociales esenciales, exacerbando las desigualdades existentes. Del mismo modo, los grandes proyectos de infraestructura financiados por el Banco Mundial a veces han sido criticados por su impacto ambiental y social, así como por la falta de consulta adecuada a las comunidades locales.

Para abordar estas preocupaciones, tanto el Banco Mundial como el FMI han adoptado enfoques más flexibles y participativos en los últimos años. Por ejemplo, el Banco Mundial ha ampliado su enfoque en la reconstrucción inclusiva y sostenible, priorizando proyectos que promuevan la equidad de género, la protección del medio ambiente y la participación comunitaria. Por su parte, el FMI ha desarrollado programas de apoyo extendido que ofrecen mayor flexibilidad a los países en el diseño e implementación de políticas económicas adaptadas a sus necesidades específicas.

Otro área de creciente atención es la colaboración con actores no estatales, como ONG y organizaciones de la sociedad civil, para garantizar que las voces de las comunidades afectadas sean escuchadas y consideradas en el diseño e implementación de programas de reconstrucción. Esta colaboración también ayuda a mejorar la supervisión del uso de los fondos y a fortalecer la rendición de cuentas, un factor crucial para el éxito de cualquier esfuerzo de reconstrucción.

En el contexto de un mundo cada vez más interconectado, el papel del Banco Mundial y el FMI en la reconstrucción postconflicto también está evolucionando para abordar los desafíos globales emergentes. Esto incluye el impacto del cambio climático, la gestión de los flujos migratorios y la prevención de conflictos futuros a través de inversiones en desarrollo sostenible. Estas instituciones reconocen que la reconstrucción postconflicto no puede limitarse a la reparación de daños, sino que debe integrar estrategias para fortalecer la resiliencia y la capacidad de adaptación de las economías y sociedades afectadas.

Aunque enfrentan numerosos desafíos y críticas, el Banco Mundial y el FMI continúan siendo actores indispensables en los esfuerzos de reconstrucción postconflicto. Su capacidad para movilizar recursos, promover reformas estructurales y coordinar la acción internacional los convierte en piezas clave para construir economías más fuertes, inclusivas y sostenibles en zonas afectadas por la guerra. Este papel no solo beneficia a los países directamente impactados, sino que también contribuye a la estabilidad y prosperidad globales.

Regulación financiera para prevenir el financiamiento de guerras

El papel de las instituciones financieras internacionales en la prevención de conflictos y la reconstrucción postconflicto es esencial, pero no se limita solo a la asistencia tras el estallido de las hostilidades. La regulación financiera desempeña un papel crítico en la prevención del financiamiento de guerras, actuando como una barrera contra el flujo de recursos que podrían alimentar conflictos armados. En un mundo donde las redes financieras son cada vez más interconectadas y complejas, las medidas regulatorias tienen un impacto directo en la capacidad de los actores estatales y no estatales para acceder a los recursos necesarios para sostener actividades bélicas.

Un aspecto clave de la regulación financiera es la identificación y congelación de activos vinculados a actividades ilícitas o sospechosas. Los sistemas bancarios y las instituciones financieras tienen la obligación de monitorear transacciones y reportar cualquier actividad inusual que pueda estar relacionada con el financiamiento de conflictos. Esto no solo incluye transferencias directas de fondos para la compra de armas, sino también flujos de dinero que se utilizan para respaldar logística, propaganda o incluso sobornos a funcionarios clave.

El Grupo de Acción Financiera Internacional (GAFI) desempeña un papel destacado en el establecimiento de estándares globales para combatir el lavado de dinero y la financiación del terrorismo, dos mecanismos que a menudo están relacionados con el financiamiento de guerras. Sus recomendaciones guían a los países en la implementación de medidas que refuercen la transparencia financiera y reduzcan las posibilidades de que fondos ilícitos se utilicen para propósitos armados. Por ejemplo, la obligatoriedad de conocer a los clientes (KYC, por sus siglas en inglés) ayuda a las instituciones financieras a verificar la identidad de los titulares de cuentas y a rastrear la procedencia de los fondos.

Sin embargo, la efectividad de estas medidas enfrenta desafíos significativos. La globalización ha permitido que actores malintencionados utilicen paraísos fiscales y jurisdicciones con regulaciones financieras laxas para ocultar y mover dinero. Además, las criptomonedas, aunque representan una innovación tecnológica, también han creado nuevas vías para el financiamiento de conflictos, ya que ofrecen anonimato y transacciones transfronterizas difíciles de rastrear. Esto ha llevado a un debate global sobre cómo equilibrar el avance tecnológico con la seguridad financiera.

La colaboración internacional es fundamental para enfrentar estos desafíos. Los acuerdos multilaterales, como los promovidos por el GAFI, así como las sanciones coordinadas entre países, pueden cerrar brechas regulatorias y dificultar que los actores armados accedan a recursos financieros. Además, las organizaciones internacionales, como el Banco Mundial y el Fondo Monetario Internacional, también tienen un papel en la promoción de la transparencia fiscal y la mejora de las capacidades locales para supervisar los sistemas financieros.

La regulación financiera también tiene un impacto en la economía informal, que en muchos casos se convierte en una fuente de ingresos para grupos armados. El comercio ilícito de bienes, como diamantes, madera, minerales y drogas, a menudo alimenta las arcas de las facciones en conflicto. Las iniciativas como el Proceso de Kimberley, que busca evitar el comercio de "diamantes de sangre", demuestran que los esfuerzos internacionales pueden ser efectivos, pero requieren una vigilancia constante y una aplicación rigurosa.

Otro aspecto crucial es la educación y capacitación de las instituciones financieras y los gobiernos locales para identificar y combatir el financiamiento de guerras. En muchos países afectados por conflictos, las instituciones financieras carecen de los recursos y conocimientos necesarios para implementar medidas regulatorias complejas. La asistencia técnica y la transferencia de tecnología pueden fortalecer estas capacidades, asegurando que las regulaciones no solo existan en papel, sino que se implementen de manera efectiva.

La transparencia en los presupuestos de defensa también juega un papel fundamental. Los gobiernos deben ser responsables ante sus ciudadanos y la comunidad internacional sobre cómo se gastan los fondos públicos. Esto no solo desalienta la corrupción, sino que también reduce las posibilidades de que los recursos destinados a la defensa se utilicen para propósitos ofensivos o para prolongar conflictos innecesarios.

En última instancia, la regulación financiera para prevenir el financiamiento de guerras no solo busca limitar los recursos de los actores armados, sino también enviar un mensaje claro de que la comunidad internacional no tolera el uso de la violencia como medio para resolver disputas. A medida que el panorama financiero global evoluciona, también deben hacerlo las estrategias para combatir el financiamiento de guerras, adaptándose a nuevas tecnologías, cerrando brechas regulatorias y fortaleciendo la cooperación internacional para garantizar un mundo más seguro.

4 - Energía Nuclear

Historia compleja

La energía nuclear tiene una historia compleja, cargada de descubrimientos científicos, avances tecnológicos y un impacto significativo tanto en la economía como en la política global. Su desarrollo comenzó mucho antes de la creación de las primeras centrales nucleares o el uso militar de la energía atómica; está profundamente arraigado en la evolución de la física moderna y el entendimiento del átomo. Durante siglos, los filósofos y científicos especularon sobre la naturaleza fundamental de la materia, pero no fue hasta finales del siglo XIX y principios del siglo XX que se lograron avances cruciales en este campo.

La noción del átomo, que significa "indivisible" en griego, fue propuesta por primera vez por filósofos como Leucipo y Demócrito alrededor del siglo V a.C. Según su teoría, todo en el universo estaba compuesto por átomos, partículas indivisibles que se combinaban de diversas maneras para formar la materia. Sin embargo, estas ideas eran puramente especulativas y carecían de evidencia experimental. Durante siglos, estas teorías atomistas quedaron relegadas a un segundo plano mientras predominaban las concepciones aristotélicas de la materia como continua y homogénea.

El verdadero cambio ocurrió con el desarrollo de la química moderna en los siglos XVIII y XIX. John Dalton, a principios del siglo XIX, retomó la idea del átomo y la fundamentó en observaciones experimentales. Según Dalton, los átomos eran las unidades básicas de los elementos químicos y se combinaban en proporciones definidas para formar compuestos. Esta teoría fue un pilar fundamental para el desarrollo de la química moderna y sentó las bases para explorar la estructura interna de los átomos.

El descubrimiento de la radioactividad a finales del siglo XIX marcó un hito crucial en la comprensión de la energía nuclear. En 1896, el físico francés Henri Becquerel observó accidentalmente que ciertas sales de uranio emitían radiación espontáneamente. Este fenómeno fue estudiado posteriormente por Marie y Pierre Curie, quienes descubrieron nuevos elementos radiactivos como el polonio y el radio. Sus investigaciones revelaron que los átomos no eran indivisibles, sino que contenían componentes internos capaces de liberar enormes cantidades de energía.

Paralelamente, los avances en la física teórica estaban desafiando las ideas tradicionales sobre la materia y la energía. En 1905, Albert Einstein formuló su famosa ecuación $E=mc^2$, que establece una relación directa entre la masa y la energía. Esta ecuación sugería que una pequeña cantidad de masa podía convertirse en una enorme cantidad de energía, una idea que se convertiría en el principio fundamental detrás de la energía nuclear.

El modelo del átomo evolucionó rápidamente en las primeras décadas del siglo XX. En 1911, Ernest Rutherford propuso que el átomo tenía un núcleo pequeño, denso y cargado positivamente, rodeado por electrones en órbita. Posteriormente, en 1932, James Chadwick descubrió el neutrón, una partícula subatómica sin carga que también se encontraba en el núcleo atómico. Este descubrimiento fue fundamental para comprender las reacciones nucleares, ya que los neutrones juegan un papel clave en el proceso de fisión.

La fisión nuclear fue descubierta en 1938 por los físicos alemanes Otto Hahn y Fritz Strassmann, y su interpretación teórica fue realizada por Lise Meitner y Otto Frisch. Al bombardear núcleos de uranio con neutrones, observaron que el núcleo se dividía en dos fragmentos más pequeños, liberando una enorme cantidad de energía y neutrones adicionales. Este proceso de fisión podía desencadenar una reacción en cadena si los neutrones liberados iniciaban la fisión en otros núcleos de uranio. La posibilidad de una reacción en cadena controlada o descontrolada abrió las puertas tanto para la generación de energía como para la creación de armas nucleares.

El desarrollo de la energía nuclear estuvo estrechamente vinculado a la Segunda Guerra Mundial. Durante este periodo, el Proyecto Manhattan en Estados Unidos reunió a destacados científicos para desarrollar la primera bomba atómica. En 1945, las ciudades japonesas de Hiroshima y Nagasaki fueron destruidas por estas armas, demostrando el devastador poder destructivo de la fisión nuclear. Sin embargo, el mismo principio subyacente que permitía la creación de armas también podía ser utilizado para generar energía de manera pacífica.

En las décadas posteriores a la guerra, se estableció la infraestructura necesaria para aprovechar la energía nuclear con fines civiles. La construcción de reactores nucleares para la generación de electricidad comenzó en la década de 1950. Los reactores nucleares funcionan controlando cuidadosamente la reacción en cadena de fisión en un entorno contenido. En un reactor típico, los núcleos de uranio-235 o plutonio-239 se dividen al ser bombardeados por neutrones, liberando calor que se utiliza para generar vapor y, a su vez, mover turbinas que producen electricidad.

La energía nuclear ofrecía varias ventajas, como la capacidad de generar grandes cantidades de electricidad con una huella de carbono relativamente baja. Durante la segunda mitad del siglo XX, muchos países adoptaron la energía nuclear como parte de su estrategia energética, construyendo centrales nucleares para reducir su dependencia de los combustibles fósiles. Francia, por ejemplo, se convirtió en uno de los líderes mundiales en energía nuclear, obteniendo más del 70% de su electricidad de reactores nucleares.

Sin embargo, la energía nuclear también planteaba desafíos y riesgos significativos. Los accidentes en centrales nucleares, como los ocurridos en Chernóbil en 1986 y Fukushima en 2011, demostraron el potencial catastrófico de fallos en los sistemas de seguridad. Estos incidentes llevaron a una reevaluación global de la seguridad nuclear y provocaron un cambio en las políticas energéticas de varios países.

Además de los riesgos asociados con los accidentes, la gestión de los residuos nucleares sigue siendo un problema importante. Los residuos radiactivos generados por las centrales nucleares deben ser almacenados de manera segura durante miles de años para evitar riesgos para la salud y el medio ambiente. La falta de consenso sobre soluciones de almacenamiento a largo plazo ha dificultado la expansión de la energía nuclear en algunos países.

En el ámbito económico, la energía nuclear implica altos costos iniciales debido a la construcción de reactores y la infraestructura asociada. Sin embargo, una vez en funcionamiento, las centrales nucleares pueden operar con costos relativamente bajos en comparación con otras fuentes de energía. Esto ha llevado a debates sobre la viabilidad económica de la energía nuclear en un contexto de creciente competencia de las energías renovables, como la solar y la eólica, que han experimentado una drástica reducción de costos en las últimas décadas.

La investigación y el desarrollo en tecnología nuclear no se han limitado a la generación de electricidad. También han surgido aplicaciones en campos como la medicina, la agricultura y la exploración espacial. La energía nuclear ha permitido el desarrollo de técnicas avanzadas de diagnóstico y tratamiento médico, como la tomografía por emisión de positrones (PET) y la radioterapia para el tratamiento del cáncer.

En conclusión, la energía nuclear es una fuente de energía compleja que combina el potencial para generar beneficios significativos con desafíos técnicos, económicos y éticos. Desde sus orígenes en las teorías atómicas hasta su aplicación en la generación de electricidad y más allá, la energía nuclear sigue siendo un tema de gran relevancia en el siglo XXI.

Disuasión nuclear

La disuasión nuclear, aunque pueda parecer un contrasentido al relacionarse con armas de destrucción masiva, ha sido un pilar central en la política de seguridad internacional desde la segunda mitad del siglo XX. Este enfoque se basa en la paradoja de que la amenaza de destrucción mutua puede ser un factor estabilizador que prevenga conflictos armados a gran escala entre potencias nucleares. La idea fundamental es que la existencia misma de armas nucleares y su potencial devastador disuaden a los Estados de embarcarse en guerras totales, ya que los costos de un conflicto nuclear superarían cualquier posible ganancia.

La lógica de la disuasión nuclear se consolidó durante la Guerra Fría, un periodo marcado por la rivalidad entre Estados Unidos y la Unión Soviética. Ambos países desarrollaron arsenales nucleares masivos como parte de la doctrina conocida como destrucción mutua asegurada (MAD, por sus siglas en inglés). Bajo este concepto, cada superpotencia tenía la capacidad de responder a un ataque nuclear inicial con un contraataque igualmente devastador, asegurando la aniquilación de ambas partes. En este contexto, la mera posibilidad de un conflicto nuclear servía como un poderoso disuasor, ya que ningún actor racional estaría dispuesto a iniciar una confrontación que llevara a su propia destrucción.

La importancia de la disuasión nuclear para preservar la paz radica en varios factores interrelacionados. En primer lugar, la posesión de armas nucleares crea un equilibrio de poder entre Estados rivales, reduciendo la probabilidad de conflictos convencionales. Cuando dos o más naciones tienen capacidades nucleares, se establece una relación de equilibrio estratégico en la que ninguna de las partes está dispuesta a arriesgar un enfrentamiento directo. Este equilibrio fue evidente en episodios históricos como la crisis de los misiles en Cuba en 1962, donde la amenaza de un enfrentamiento nuclear llevó a ambas partes a buscar una resolución diplomática.

En segundo lugar, la disuasión nuclear proporciona una forma de seguridad que trasciende las capacidades militares convencionales. Los Estados que poseen armas nucleares tienen un nivel de protección contra agresiones externas que difícilmente podría lograrse solo con fuerzas convencionales. Esto se debe a que un ataque directo contra una potencia nuclear podría desencadenar una respuesta desproporcionada, desalentando a los adversarios potenciales de considerar cualquier acción hostil. Este tipo de seguridad es particularmente importante para países que enfrentan amenazas existenciales o que tienen una posición geopolítica vulnerable.

Sin embargo, la disuasión nuclear no está exenta de críticas ni de riesgos inherentes. Uno de los principales argumentos en contra de esta estrategia es que depende de un equilibrio extremadamente delicado y de la racionalidad de los actores involucrados. Si bien la doctrina de la destrucción mutua asegurada supone que los líderes actuarán de manera racional para evitar un conflicto nuclear, existen múltiples factores que podrían desestabilizar este equilibrio, como errores de cálculo, fallos técnicos o decisiones impulsivas en momentos de crisis.

Además, la proliferación nuclear plantea un desafío significativo para la estabilidad global. A medida que más países adquieren armas nucleares, el riesgo de que estas caigan en manos de actores no estatales o de que sean utilizadas accidentalmente aumenta considerablemente. Este es un tema de particular preocupación en regiones políticamente inestables o con conflictos prolongados, donde las tensiones pueden llevar a decisiones precipitadas.

Otro aspecto controvertido de la disuasión nuclear es su costo económico y social. El mantenimiento de un arsenal nuclear requiere inversiones sustanciales en investigación, desarrollo, producción y almacenamiento, recursos que podrían destinarse a otros sectores, como la salud, la educación o el desarrollo sostenible. En un mundo donde muchas naciones enfrentan desafíos económicos significativos, el gasto en armas nucleares es objeto de debates éticos y pragmáticos.

A pesar de estas críticas, la disuasión nuclear sigue siendo considerada por muchos analistas y responsables de políticas como un mal necesario en el panorama geopolítico contemporáneo. La historia reciente sugiere que, aunque imperfecta, la disuasión nuclear ha desempeñado un papel crucial en la prevención de conflictos a gran escala. Por ejemplo, desde el final de la Segunda Guerra Mundial, no ha habido enfrentamientos directos entre las principales potencias nucleares, un hecho que muchos atribuyen a la eficacia de la disuasión nuclear.

La importancia de la disuasión nuclear también se refleja en el papel que desempeña en las alianzas militares. La OTAN, por ejemplo, considera que las armas nucleares son fundamentales para su estrategia de disuasión y defensa. De manera similar, países como Corea del Sur y Japón se benefician del "paraguas nuclear" proporcionado por Estados Unidos, lo que reduce la necesidad de desarrollar sus propias armas nucleares y contribuye a la estabilidad regional.

En el ámbito diplomático, la disuasión nuclear ha influido en numerosos tratados y acuerdos internacionales diseñados para limitar la proliferación y reducir los riesgos asociados con estas armas. El Tratado de No Proliferación Nuclear (TNP), que entró en vigor en 1970, es un ejemplo destacado de cómo la comunidad internacional ha buscado equilibrar la necesidad de disuasión con los objetivos de desarme y no proliferación. A pesar de sus limitaciones, el TNP ha desempeñado un papel importante en la reducción del número de armas nucleares y en la promoción de la cooperación internacional en el uso pacífico de la energía nuclear.

Sin embargo, el futuro de la disuasión nuclear enfrenta desafíos significativos en un mundo cada vez más multipolar. La aparición de nuevas potencias nucleares, como Corea del Norte, y las tensiones geopolíticas en regiones como el Indo-Pacífico y el Medio Oriente complican el panorama estratégico. Además, los avances en tecnologías emergentes, como la inteligencia artificial y los sistemas de armas autónomas, podrían alterar la dinámica de la disuasión nuclear, introduciendo nuevos riesgos e incertidumbres.

En este contexto, algunos expertos abogan por un enfoque renovado para gestionar la disuasión nuclear en el siglo XXI. Esto podría incluir medidas como el fortalecimiento de los regímenes de control de armamentos, la promoción de la transparencia y la confianza entre Estados nucleares, y la integración de nuevas tecnologías en las estrategias de disuasión. Al mismo tiempo, se deben redoblar los esfuerzos para avanzar hacia el desarme nuclear, un objetivo a largo plazo que requiere la cooperación y el compromiso de todas las naciones.

Guerra y costes

Una guerra nuclear es uno de los escenarios más devastadores que la humanidad podría enfrentar, y sus causas, así como sus consecuencias, son temas que merecen un análisis detallado y profundo. Este tipo de conflicto, que involucra armas de destrucción masiva capaces de borrar ciudades enteras y alterar el equilibrio del planeta, podría desencadenarse por una serie de factores interrelacionados. Los detonantes de una guerra nuclear no solo dependen de decisiones políticas, sino también de elementos tecnológicos, sociales y psicológicos que configuran un entramado complejo. Las consecuencias de un evento de esta magnitud afectarían no solo a los Estados involucrados directamente, sino también al mundo entero, en una cadena de impactos que podría durar siglos.

Entre las causas más evidentes que podrían detonar una guerra nuclear se encuentran las tensiones geopolíticas entre potencias nucleares. La competencia por recursos estratégicos, el control territorial y la influencia política han sido factores que históricamente han impulsado conflictos armados. En el caso de las potencias nucleares, como Estados Unidos, Rusia y China, estas tensiones están agravadas por la acumulación de arsenales capaces de infligir una destrucción masiva. Disputas como las que tienen lugar en el Mar de China Meridional, Ucrania o la región de Cachemira entre India y Pakistán presentan riesgos significativos de escalada, especialmente si una de las partes considera que su seguridad nacional está en juego.

Un segundo detonante relevante es la proliferación nuclear. A pesar de los esfuerzos internacionales para limitar la propagación de armas nucleares, algunos países siguen desarrollando capacidades nucleares fuera del marco de los tratados internacionales. La posibilidad de que más Estados o incluso actores no estatales, como organizaciones terroristas, obtengan acceso a tecnología nuclear aumenta el riesgo de un uso deliberado o accidental de estas armas. La proliferación también mina los esfuerzos de disuasión y genera incertidumbre estratégica, ya que aumenta la cantidad de variables que las potencias nucleares deben considerar en sus cálculos de seguridad.

Errores de cálculo y fallos tecnológicos también figuran entre las principales causas potenciales de una guerra nuclear. Los sistemas de alerta temprana, basados en sensores y algoritmos avanzados, son propensos a errores humanos o malfuncionamientos. Ejemplos históricos como el incidente de Stanislav Petrov en 1983 demuestran cómo interpretaciones erróneas de datos pueden llevar a decisiones equivocadas. En un contexto de tensión extrema, un error tecnológico podría ser suficiente para desencadenar una respuesta nuclear preventiva.

Otro factor que podría detonar una guerra nuclear son las crisis regionales. Regiones con conflictos latentes, como la península de Corea, el Medio Oriente o Europa del Este, representan focos de tensión constantes. En estos contextos, las potencias nucleares podrían verse arrastradas a enfrentamientos indirectos que escalen hacia un conflicto directo. Por ejemplo, un ataque limitado con armas nucleares por parte de Corea del Norte podría desencadenar una respuesta masiva por parte de Estados Unidos y sus aliados, llevando a una escalada global.

El colapso de los regímenes internacionales de control de armamentos también representa un detonante crítico. Tratados como el de No Proliferación Nuclear (TNP) o el Tratado de Prohibición Completa de los Ensayos Nucleares han sido pilares en la prevención de conflictos nucleares. Sin embargo, el desmantelamiento o incumplimiento de estos acuerdos podría conducir a una renovada carrera armamentista, aumentando las tensiones y la probabilidad de enfrentamientos.

Los factores psicológicos y políticos también juegan un papel importante. En un contexto de crisis, liderazgos autoritarios o impulsivos podrían optar por el uso de armas nucleares como una muestra de fuerza o en un intento de garantizar la supervivencia del régimen. La percepción de una amenaza inminente o la necesidad de demostrar determinación podrían llevar a decisiones irracionales, aumentando el riesgo de un conflicto nuclear.

Las consecuencias de una guerra nuclear serían absolutamente devastadoras. En primer lugar, el impacto directo de una detonación nuclear causaría millones de muertes instantáneas, con una destrucción masiva de infraestructuras críticas y la contaminación radiactiva de amplias áreas geográficas. Las ciudades atacadas quedarían reducidas a escombros, y las posibilidades de rescate y asistencia inmediata serían limitadas debido a la magnitud de los daños y la radiación residual.

A nivel económico, las cadenas de suministro globales colapsarían, llevando a una crisis económica mundial. Los mercados financieros enfrentarían una volatilidad extrema, y la incertidumbre desincentivaría la inversión y el comercio internacional. Países que dependen de importaciones clave, como alimentos o energía, enfrentarían crisis humanitarias debido a la escasez y al aumento de precios.

El impacto ambiental también sería catastrófico. Un conflicto nuclear a gran escala podría desencadenar un fenómeno conocido como invierno nuclear, en el que las explosiones liberarían enormes cantidades de hollín y partículas a la atmósfera, bloqueando la luz solar y reduciendo las temperaturas globales. Este enfriamiento afectaría negativamente los ecosistemas y la agricultura, llevando a hambrunas masivas y extinción de especies.

La salud pública también sufriría de manera irreparable. La radiación provocada por las detonaciones causaría un aumento significativo en la incidencia de enfermedades como cáncer, malformaciones genéticas y trastornos cardiovasculares. Las generaciones futuras también se verían afectadas, ya que la contaminación radiactiva podría persistir durante siglos, contaminando suelos, agua y alimentos.

El impacto social y político de una guerra nuclear también sería inmenso. Las instituciones gubernamentales y los sistemas legales colapsarían, llevando a un estado de anarquía en las regiones afectadas. Los desplazamientos masivos de población generarían crisis de refugiados sin precedentes, exacerbando las tensiones entre países y comunidades. La ruptura del tejido social podría llevar a un aumento de los conflictos internos, mientras las sociedades luchan por sobrevivir en un contexto de recursos escasos y condiciones extremas.

Finalmente, una guerra nuclear tendría consecuencias psicológicas y culturales de largo plazo. El trauma colectivo afectó a las generaciones actuales y futuras, alterando la manera en que las personas perciben la seguridad, el progreso y la tecnología. La memoria de un conflicto de tal magnitud podría dar lugar a una profunda desconfianza hacia los gobiernos y las instituciones internacionales, dificultando la cooperación en la reconstrucción y en la prevención de futuros conflictos.

Los costes económicos de una guerra nuclear representan uno de los aspectos más devastadores en la historia contemporánea, y sus implicaciones trascienden cualquier marco financiero convencional conocido hasta ahora. Este tipo de conflicto, que implicaría el uso masivo de armas de destrucción masiva, tiene un potencial destructivo no solo sobre las economías de los países directamente involucrados, sino también sobre la estructura financiera global. Las estimaciones de los costes, aunque difíciles de cuantificar debido a la magnitud de las variables, abordan desde la pérdida inmediata de infraestructuras y recursos humanos hasta la disrupción total de mercados internacionales, cadenas de suministro y sistemas financieros.

Uno de los impactos iniciales más evidentes sería la destrucción de infraestructura crítica, incluidas redes energéticas, instalaciones industriales, y centros de comunicación y transporte. Estas pérdidas, combinadas con la incapacidad de las economías afectadas para funcionar, representarían un coste directo cifrado en billones de dólares. Además, el desplazamiento masivo de poblaciones y la necesidad de recursos humanitarios podrían aumentar exponencialmente los presupuestos de emergencia de organismos internacionales y gobiernos no afectados directamente por el conflicto.

Los sistemas financieros también estarían bajo una presión extrema. Una guerra nuclear resultaría en una pérdida generalizada de confianza en los mercados, lo que derivaría en el colapso de valores bursátiles y la fuga masiva de capitales hacia activos considerados seguros, si es que tales activos sobreviven en un entorno tan hostil. Los bancos centrales se enfrentarían al dilema de inyectar liquidez masiva para estabilizar mercados mientras lidian con una inflación galopante producto de la escasez de bienes y servicios. La volatilidad cambiaría las reglas del comercio internacional, con múltiples monedas perdiendo su valor por la incapacidad de los gobiernos de respaldarlas con economías funcionales.

La producción industrial, uno de los pilares de las economías modernas, experimentaría un colapso sin precedentes. Con grandes áreas urbanas y políticas destruidas, la capacidad de las industrias para operar sería nula, lo que tendría un impacto directo en las cadenas de suministro globales. La escasez de materias primas esenciales, combinada con una demanda extremadamente reducida debido a la destrucción masiva de consumidores y mercados, crearía un bucle negativo donde la producción y el consumo colapsarían simultáneamente.

Otro aspecto crucial es la deuda soberana. Los gobiernos que sobrevivan a un conflicto nuclear probablemente se encontrarán con niveles de deuda insostenibles. La necesidad de financiar esfuerzos de reconstrucción, junto con la pérdida de bases tributarias debido a la muerte de millones de contribuyentes y la destrucción de activos, podría llevar a un incumplimiento generalizado. Este panorama también reduciría aún más la confianza de los inversores y haría inviable cualquier plan de recuperación a corto plazo.

El comercio internacional se paralizaría. Puertos, aeropuertos y rutas terrestres quedarían inoperativos en los países afectados, mientras que las naciones no directamente involucradas enfrentarían bloqueos comerciales, sanciones cruzadas y una incertidumbre generalizada que detendría el flujo de bienes. El comercio de energía sería uno de los sectores más afectados; la interrupción de los suministros de petróleo y gas natural provocaría precios exorbitantes, afectando de manera desproporcionada a los países dependientes de importaciones energéticas.

El impacto medioambiental también tendría un coste financiero significativo. La radiación y los daños ecológicos causados por un conflicto nuclear podrían hacer inhabitable grandes extensiones de tierra, eliminando su valor económico y requiriendo inversiones masivas en descontaminación. Además, la reducción de la productividad agrícola, combinada con los efectos del invierno nuclear proyectado por algunos científicos, generaría una crisis alimentaria global con precios descontrolados.

Las implicaciones sociales y políticas también se traducen en costes económicos. La desaparición de instituciones estatales y el caos en los sistemas judiciales y policiales llevarían al colapso del estado de derecho en amplias regiones, lo que aumentaría los costes de seguridad privada y autodefensa para las comunidades y empresas que intenten sobrevivir. Al mismo tiempo, las migraciones masivas debido a la guerra y sus consecuencias destruirían el tejido económico y social de los países receptores, que tendrían que destinar enormes recursos para integrar o atender a los desplazados.

En el ámbito tecnológico, una guerra nuclear podría significar un retroceso de décadas en avances científicos e industriales. Las instalaciones de investigación y las universidades, que suelen concentrarse en grandes ciudades, serían destruidas, y con ellas la capacidad de innovación y desarrollo tecnológico. Esta pérdida no solo impactaría en los países directamente afectados, sino también en toda la humanidad, que depende de los avances tecnológicos para resolver problemas globales como el cambio climático o las pandemias.

Finalmente, las aseguradoras enfrentarían una situación insostenible. Las pérdidas masivas de activos y vidas humanas crearían un escenario en el que las reclamaciones superarían con creces la capacidad de cobertura de cualquier empresa o incluso industria aseguradora en su conjunto. Esto podría llevar a la desaparición completa de este sector, eliminando una de las principales herramientas de mitigación de riesgos de la economía moderna.

Quinta Parte: conclusiones

1 - Lecciones económicas de los conflictos pasados y actuales

A lo largo de la historia, los conflictos armados han dejado lecciones económicas profundas que continúan moldeando las estrategias financieras y políticas de las naciones. Estas lecciones no solo se centran en el impacto directo e inmediato de la guerra, sino también en las repercusiones a largo plazo sobre el desarrollo económico, la estabilidad social y la integración global. Al analizar los conflictos pasados y actuales, emergen patrones claros que subrayan cómo las decisiones económicas pueden mitigar o exacerbar los costos asociados a la guerra.

En primer lugar, una de las lecciones más evidentes es la relación entre el gasto militar y el crecimiento económico. Durante conflictos como la Segunda Guerra Mundial, las economías de las principales potencias involucradas experimentaron un auge temporal impulsado por la movilización masiva de recursos. La producción industrial se disparó, el empleo alcanzó niveles récord y la innovación tecnológica floreció. Sin embargo, este crecimiento fue efímero y acompañado de profundas distorsiones económicas, como la inflación galopante y el endeudamiento público. En contraste, guerras más recientes, como las de Irak y Afganistán, han demostrado que los altos niveles de gasto militar en conflictos prolongados pueden drenar recursos críticos de sectores esenciales, limitando el crecimiento sostenible.

La inflación, en particular, ha sido una constante en los conflictos bélicos. Las guerras requieren financiación masiva, a menudo obtenida mediante la impresión de dinero, préstamos o aumento de impuestos. Estas medidas tienden a desestabilizar las economías nacionales, especialmente en países con sistemas financieros débiles. Un ejemplo histórico es Alemania tras la Primera Guerra Mundial, donde las reparaciones de guerra impuestas llevaron a una hiperinflación devastadora. En la actualidad, aunque los mecanismos de financiación han evolucionado, los conflictos siguen teniendo un impacto inflacionario significativo, como se evidenció en las crisis económicas globales vinculadas al aumento de los precios del petróleo durante las guerras en Oriente Medio.

Otra lección crítica es el impacto de los conflictos en las cadenas de suministro global. Las guerras interrumpen la producción y el comercio, causando escasez de bienes esenciales y aumentando los costos. Durante la Primera y Segunda Guerra Mundial, la interrupción del comercio marítimo y la pérdida de infraestructura vital llevaron a la racionamiento de alimentos y recursos. En las guerras contemporáneas, las cadenas de suministro globales son aún más complejas y vulnerables, con interdependencias que amplifican los efectos económicos de los conflictos. Por ejemplo, la invasión de Ucrania por parte de Rusia en 2022 no solo afectó a los mercados energéticos europeos, sino también a la producción mundial de cereales y fertilizantes, provocando una crisis alimentaria global.

La reconstrucción postconflicto es otra área clave donde las lecciones del pasado son invaluables. La reconstrucción económica de Europa tras la Segunda Guerra Mundial, gracias al Plan Marshall, es un ejemplo de cómo la inversión internacional estratégica puede revitalizar economías devastadas y fomentar la estabilidad política. Sin embargo, en conflictos recientes, como los de Siria o Yemen, la falta de compromiso financiero internacional ha llevado a crisis humanitarias prolongadas y a la incapacidad de reconstruir las economías locales de manera efectiva. Esto subraya la importancia de un enfoque coordinado y sostenible para la recuperación económica tras la guerra.

El papel de las innovaciones tecnológicas durante los conflictos también merece atención. Las guerras han sido catalizadores de avances tecnológicos que luego han transformado las economías civiles. Desde el desarrollo de la aviación y los radares durante la Segunda Guerra Mundial hasta la revolución digital impulsada por la tecnología militar de la Guerra Fría, la innovación bélica ha tenido repercusiones económicas a largo plazo. Sin embargo, esto también plantea preguntas éticas y económicas sobre el desvío de recursos hacia la investigación militar en lugar de aplicaciones civiles.

Además, los conflictos pasados han demostrado que la economía global está profundamente interconectada y que las repercusiones de una guerra rara vez se limitan a las naciones directamente involucradas. La Primera Guerra Mundial marcó el inicio de una era de declive económico global que culminó en la Gran Depresión. De manera similar, las sanciones económicas y los bloqueos comerciales utilizados como herramientas de guerra moderna tienen efectos colaterales significativos. Un ejemplo contemporáneo es el impacto de las sanciones internacionales contra Rusia, que ha alterado los mercados energéticos y financieros globales.

Una lección crucial de los conflictos actuales es la creciente importancia de la guerra económica como herramienta estratégica. Las sanciones económicas, los ciberataques y las restricciones comerciales se utilizan cada vez más para debilitar a los adversarios sin recurrir a la violencia directa. Estas tácticas, aunque menos visibles, pueden ser igual de destructivas para las economías nacionales y globales. Sin embargo, también presentan riesgos, ya que pueden desencadenar represalias y una escalada de tensiones que perjudique a todas las partes involucradas.

Finalmente, los conflictos pasados y actuales resaltan la necesidad de una planificación económica sólida y una cooperación internacional efectiva para prevenir y mitigar los costos de la guerra. Las instituciones financieras globales, como el Fondo Monetario Internacional y el Banco Mundial, desempeñan un papel crucial en la estabilización de las economías afectadas por conflictos y en la promoción de soluciones pacíficas. Sin embargo, su eficacia depende de un compromiso sostenido por parte de la comunidad internacional para abordar las desigualdades económicas y las tensiones geopolíticas subyacentes que a menudo conducen a la guerra.

En resumen, las lecciones económicas derivadas de los conflictos pasados y actuales son una guía invaluable para abordar los desafíos financieros y estratégicos de los conflictos futuros. Estas lecciones subrayan la importancia de equilibrar las necesidades inmediatas de defensa con la sostenibilidad económica a largo plazo, al tiempo que se promueve la cooperación internacional como medio para garantizar la paz y la prosperidad globales.

2 - Reflexiones sobre el equilibrio entre poder y sostenibilidad financiera

La historia de la humanidad ha estado marcada por el delicado equilibrio entre la acumulación de poder y la necesidad de sostenibilidad financiera. A lo largo del tiempo, las naciones han tratado de proyectar su influencia mediante la acumulación de recursos militares, tecnológicos y económicos. Sin embargo, esta búsqueda de poder a menudo entra en conflicto con la capacidad de mantener un crecimiento sostenido y una estabilidad económica a largo plazo. Este dilema se hace más evidente cuando analizamos el impacto financiero de las decisiones políticas y estratégicas tomadas por las potencias mundiales en diferentes momentos de la historia.

El poder, ya sea en forma militar, económica o política, requiere inversiones significativas. Los gastos en defensa, investigación tecnológica y estrategias de influencia internacional representan una carga para los presupuestos nacionales. Por ejemplo, las naciones que han priorizado un rápido desarrollo militar, como sucedió durante la Guerra Fría, han enfrentado frecuentemente déficits presupuestarios significativos y desequilibrios fiscales. Aunque estas inversiones pueden generar beneficios a corto plazo, como un aumento en la capacidad disuasoria o una mayor presencia internacional, también pueden comprometer el gasto en áreas esenciales como la educación, la salud y la infraestructura.

En este contexto, es crucial reflexionar sobre las experiencias de potencias emergentes y consolidadas que han intentado equilibrar estos factores. Un caso paradigmático es el de los Estados Unidos, cuya economía se ha caracterizado por un constante gasto militar elevado, financiado en gran medida por el endeudamiento. Si bien esto ha consolidado su posición como superpotencia, también ha generado una dependencia crónica de la deuda soberana y ha creado vulnerabilidades frente a crisis económicas globales. Por otro lado, países como China han adoptado un enfoque diferente, combinando su expansiva estrategia de adquisición de recursos y tecnología con un control riguroso de su sistema financiero, logrando una relativa estabilidad interna mientras expande su influencia internacional.

El concepto de sostenibilidad financiera no solo se refiere a la capacidad de un estado para evitar déficits insostenibles, sino también a su habilidad para adaptarse a un entorno económico global dinámico. La globalización ha amplificado la interdependencia entre las economías nacionales, lo que hace que el costo de las decisiones unilaterales sea mucho más alto. Las sanciones económicas, los conflictos comerciales y las guerras regionales tienen un impacto directo no solo en los países involucrados, sino también en el sistema financiero global. Este fenómeno subraya la importancia de considerar las repercusiones económicas de las estrategias de poder a nivel internacional.

Además, el papel de las instituciones financieras internacionales como el FMI y el Banco Mundial en este equilibrio no puede ser subestimado. Estas organizaciones actúan como moderadoras al proporcionar apoyo financiero a los países que enfrentan crisis económicas derivadas de conflictos o malas decisiones políticas. Sin embargo, también plantean preguntas sobre la soberanía de las naciones y la equidad de sus condiciones de financiamiento. Es fundamental que estas instituciones evolucionen para abordar las nuevas realidades económicas y políticas, promoviendo modelos de desarrollo que prioricen tanto el crecimiento como la estabilidad.

El equilibrio entre poder y sostenibilidad financiera también está influenciado por factores internos, como la eficiencia en la administración de los recursos públicos y la corrupción. Países que invierten en sistemas transparentes de gobernanza y en la reducción de la corrupción tienden a manejar de manera más efectiva las tensiones entre gasto militar y desarrollo social. Por el contrario, aquellos que carecen de estas estructuras suelen enfrentarse a crisis recurrentes que erosionan su estabilidad económica y política.

En un mundo cada vez más multipolar, el concepto de poder también está cambiando. Ya no se trata únicamente de tener la mayor capacidad militar o el PIB más alto, sino de ser capaz de influir en la arquitectura financiera global. Este cambio está siendo liderado por iniciativas como la Franja y la Ruta de China, que busca redefinir el comercio y las inversiones internacionales, y por la creciente importancia de la economía digital, donde el acceso a los datos y la capacidad de innovación tecnológica se están convirtiendo en factores clave de poder.

Es esencial reconocer que el desequilibrio entre poder y sostenibilidad financiera tiene consecuencias profundas y duraderas. Las naciones que no logran encontrar este equilibrio corren el riesgo de caer en ciclos de endeudamiento y crisis recurrentes, lo que limita su capacidad de influir en el escenario global. Por otro lado, aquellas que adoptan estrategias de desarrollo sostenible tienen una mayor probabilidad de mantener su relevancia internacional mientras garantizan el bienestar de sus ciudadanos. Reflexionar sobre estas dinámicas no solo es una tarea para los líderes políticos y económicos, sino también para las sociedades en su conjunto, que deben exigir una gestión responsable y sostenible del poder.

3 - Propuestas para un futuro donde la paz sea rentable

La paz, como concepto económico, se ha considerado históricamente como un estado que facilita el desarrollo sostenido y la prosperidad colectiva. Sin embargo, para que la paz sea no solo deseable sino también rentable, es fundamental replantear la forma en que las sociedades organizan sus recursos y prioridades. Una de las principales propuestas radica en transformar los gastos militares en inversiones estratégicas que generen retornos económicos y sociales tangibles.

En primer lugar, una redistribución de los presupuestos destinados a defensa hacia sectores clave como la educación, la investigación y la tecnología podría cambiar el paradigma económico global. Un enfoque en educación permite no solo la formación de una fuerza laboral más capacitada sino también la reducción de desigualdades, las cuales son a menudo semillas de conflictos. Además, la inversión en investigación y tecnología fomenta la innovación, creando nuevas industrias y mercados que pueden reemplazar a los basados en la producción y venta de armamento.

Por otro lado, el fortalecimiento de las instituciones internacionales puede jugar un papel crucial. Organismos como la ONU, el Banco Mundial y el FMI deben ser financiados de manera adecuada para que puedan implementar estrategias efectivas de prevención de conflictos y reconstrucción post-bélica. Esto incluye la creación de fondos de contingencia para abordar crisis humanitarias y económicas antes de que se conviertan en catalizadores de guerra. Un ejemplo exitoso de este enfoque es el Plan Marshall, que no solo reconstruyó Europa después de la Segunda Guerra Mundial, sino que también estableció bases para un comercio internacional más estable y rentable.

Otro elemento fundamental es la promoción de acuerdos multilaterales que incentiven la cooperación económica entre naciones. Tratados de libre comercio, convenios de protección ambiental y acuerdos de desarrollo sostenible no solo crean interdependencia entre países, disminuyendo las posibilidades de conflicto, sino que también generan beneficios económicos compartidos. La paz puede convertirse en un producto rentable si se demuestra que las alianzas internacionales ofrecen mayores dividendos que la competencia armamentística.

La transición hacia economías verdes también puede ser una pieza clave en esta estrategia. Al invertir en energías renovables y en tecnologías de bajo impacto ambiental, las naciones no solo mitigan los efectos del cambio climático —un creciente detonante de conflictos— sino que también crean industrias sostenibles capaces de generar empleo y riqueza. La economía de la paz podría beneficiarse enormemente de un mundo menos dependiente de los recursos naturales que a menudo se convierten en fuentes de tensión.

Es igualmente importante considerar el papel de las sanciones económicas como herramienta de disuasión frente a conflictos. Si bien estas pueden ser efectivas en algunos casos, también tienen limitaciones que deben ser abordadas mediante una regulación más estricta y transparente. La clave está en asegurarse de que las sanciones no perjudiquen a las poblaciones civiles, sino que ejerzan presión sobre los actores clave responsables de conflictos.

Finalmente, para que la paz sea verdaderamente rentable, debe haber un cambio cultural que valore la cooperación por encima de la competencia destructiva. Las narrativas públicas, los programas educativos y las políticas gubernamentales deben alinearse para resaltar los beneficios tangibles de un mundo en paz. Esto incluye no solo beneficios económicos sino también mejoras en calidad de vida, estabilidad política y sostenibilidad ambiental.

La idea de que la guerra está inscrita en el ADN humano es una noción que ha fascinado y desconcertado a filósofos, científicos y antropólogos a lo largo de la historia. Desde un punto de vista biológico, podría argumentarse que los instintos de competencia, territorialidad y supervivencia forman parte de nuestra naturaleza evolutiva, impulsando comportamientos que, en determinados contextos, se han manifestado como conflictos armados. Sin embargo, reducir la propensión a la guerra a un simple rasgo genético sería una simplificación que ignora la complejidad de los factores sociales, culturales, económicos y políticos que influyen en la violencia organizada.

La historia muestra cómo las sociedades han utilizado la guerra no solo como un medio para asegurar recursos o defenderse de amenazas externas, sino también como una herramienta para consolidar poder, ideologías y estructuras de dominación. Pero, al mismo tiempo, esta misma historia revela momentos de cooperación y construcción de paz que desafían la idea de una predisposición inevitable hacia la violencia.

En este sentido, ¿es la guerra verdaderamente un rasgo inmutable de nuestra naturaleza, o es más bien una elección moldeada por circunstancias específicas?

A medida que el polvo de los siglos se asienta sobre los campos de batalla de la humanidad, queda claro que la guerra no es solo una confrontación de ejércitos, sino también un pulso invisible de economías, mercados y balances financieros. En los relatos de la historia, siempre hay un hilo conductor que conecta la pólvora y el acero con el oro y el crédito. Este epílogo busca desentrañar ese nexo, reflexionando sobre lo que hemos aprendido, lo que hemos perdido y lo que aún podríamos evitar.

Imaginemos el murmullo de un consejo financiero en plena guerra. No hay soldados en esa sala; los enfrentamientos ocurren en las sombras de los presupuestos nacionales y en el alboroto de las bolsas de valores. Un asesor muestra gráficos de deuda soberana creciente, mientras otro detalla cómo el comercio internacional se tambalea con cada explosión en un puerto estratégico. Las cifras se disparan en las pantallas, los números fríos y despiadados, reflejando las consecuencias de decisiones que nacieron mucho antes de la primera bala. La guerra no comienza en las trincheras; comienza en los despachos de quienes asignan los recursos.

Cada conflicto deja un paisaje económico desolado que se extiende mucho más allá de las fronteras visibles. Es un terreno marcado por la inflación, la devaluación de monedas y el colapso de las cadenas de suministro. Pero también está plagado de oportunidades para quienes saben dónde buscar entre los escombros. Mientras una nación enfrenta la ruina, otra incrementa sus ingresos al vender armamento, al ofrecer préstamos o simplemente al explotar la necesidad de energía en tiempos de crisis. El costo humano de la guerra puede llenar bibliotecas con historias de tragedia, pero el costo económico es igualmente devastador, un peso invisible que las generaciones futuras cargan sin saberlo.

El siglo XXI no ha cambiado esta dinámica; solo la ha sofisticado. En un mundo donde las guerras cibernéticas son tan reales como los conflictos armados, las vulnerabilidades de los sistemas financieros se convierten en nuevos frentes de batalla. Los ataques informáticos pueden paralizar economías enteras, derribando bancos centrales, mercados bursátiles y redes de suministro con la misma eficacia que una bomba destruye un puente. Las inversiones en ciberdefensa, que alguna vez parecieron un lujo futurista, ahora son una línea esencial en los presupuestos de defensa. En este contexto, la paz parece no ser más barata que la guerra, sino simplemente una forma distinta de asignar recursos.

Sin embargo, la paz tiene un atractivo que la guerra jamás podrá igualar: su capacidad para construir, en lugar de destruir. Cuando las naciones destinan sus presupuestos a la educación, la salud y las energías renovables, el retorno de esa inversión es más duradero y equitativo. El costo inicial de la cooperación internacional puede parecer alto, pero su amortización es incalculable. Cada tratado firmado, cada conflicto evitado y cada esfuerzo diplomático exitoso es una victoria económica tanto como política. La paz, vista desde el prisma financiero, no es solo una aspiración moral; es una estrategia pragmática para la prosperidad global.

Pero el hombre, con su eterno dilema entre la ambición y la razón, sigue caminando por el filo de la navaja. Las lecciones de las guerras pasadas, aunque claras, a menudo son olvidadas en el calor del momento. Los intereses económicos a corto plazo, los nacionalismos fervorosos y las luchas por el poder pueden eclipsar la lógica de la sostenibilidad financiera. Y, sin embargo, cada vez que una nación vuelve a caer en el ciclo de la guerra, las repercusiones son un recordatorio brutal de que los costos, aunque previsibles, son siempre más altos de lo anticipado.

En el horizonte de un mundo interconectado, se cierne una última pregunta: ¿puede la humanidad, impulsada por su ADN competitivo, redirigir su energía hacia la colaboración económica antes de que los costos de la guerra sean tan elevados que la recuperación sea imposible? La respuesta a esta pregunta no está solo en los despachos de economistas o las mesas de negociaciones políticas, sino en cada decisión cotidiana, en cada elección de consumo, en cada acto de responsabilidad compartida. La paz, al igual que la guerra, tiene un precio. La diferencia está en quién decide pagarlo y cuándo.

Y así, este libro cierra sus páginas, dejando al lector frente a una realidad ineludible: la economía de la guerra y la paz no es un juego de suma cero. Cada batalla ganada, ya sea con armas o con acuerdos, redefine el tablero. Y en ese tablero, cada uno de nosotros es, consciente o no, un jugador.